駝峰生命線 下

——抗戰時期印緬物資內運紀錄（1942-1945）

The Hump

Historical Documents of Inward Transport from India and Burma, 1942-1945

- Section II

編輯說明

　　1937 年 7 月抗戰開始，除了國內的各項資源往西南大後方遷移以外，如何將國外的資源運入國內，也是國民政府關注的焦點。隨著戰局遞移，日軍逐步封鎖中國的海岸線，更在 1940 年 6 月歐戰變化，法國政府投降之後，壓迫英、法兩國政府，暫停滇緬、滇越的交通路線。雖然滇緬公路在幾個月後重啟，但太平洋戰爭爆發不久，緬甸失守，使得抗戰時期國外資源進入中國的路線，除了走土西鐵路繞一大圈經過蘇聯與新疆，就只有中印之間的「駝峰生命線」了。

　　1942 年 4 月，美國陸軍航空隊開始了這條從印度出發，飛越層層高山的危險航線。5 月，國民政府召集軍政部、航空委員會、後勤部、交通部、經濟部、財政部、衛生署、運輸統制局，新設一個軍事委員會運輸統制局物資內運優先管制委員會，以便與美軍協調，美國租借法案物資、美國借款購買物資、國民政府自購物資，如何安排運回國內。之後，中國航空公司獲得美國援助運輸機，也加入了中印空運的陣容。

　　因應戰局的發展，並配合美國的要求，軍事委員會運輸統制局物資內運優先管制委員會在 1943 年由軍事委員會運輸會議物資內運優先管制會議取代，在 1944 年底，又改由全新設立的戰時生產局運輸優先會議負責。

　　中印空運，反映出國民政府與美國陸軍（史迪威將軍）的矛盾。國民政府希望可以發揮最大運能，充實國

內軍事、建設等各項需求，而美國陸軍則認為物資應該優先撥給第十四航空隊（包含中美混合團）、X 部隊（駐印軍）、Y 部隊（滇西遠征軍）、Z 部隊（後續換裝美械的三十個師）。除此之外，國內各部會各有規劃，在開會時紛紛表態爭取有限的空運噸位，在裁決之際，也可以看出國民政府的優先順位，穩定金融的鈔券、製作武器的兵工材料、擴大生產的資源設備，孰輕孰重。

中印空運的這條「駝峰生命線」，因為第二次世界大戰結束，美國開始復員計畫，1945 年 10 月底便停止了與我國簽訂的空運合約，由中國航空公司繼續運輸存放在印度的物資回國，至 11 月 16 日，「駝峰生命線」正式畫下句點。

本書依照開會日期排序錄入 1942 年 5 月 19 日軍事委員會運輸統制局物資內運優先管制委員會第一次會議至 1945 年 11 月 16 日戰時生產局運輸優先會議第十一次會議的紀錄，並附加航空委員會駐印辦事處在中印空運行將結束時所提出的業務報告。

為便利閱讀，部分罕用字、簡字、通同字，在不影響文意下，改以現行字標示，恕不一一標注。無法辨識或被蟲蛀的文字，以■呈現。本社編輯時的附註，則以【】表示。

目錄

一九四四年紀錄

軍事委員會運輸會議物資內運優先管制會議第四十七次會議紀錄

日期　民國 33 年 1 月 11 日下午 3 時

地點　祕書處會議廳

出席　項雄霄　　　　　　　王景錄

　　　楊繼曾（周其棠代）　陳　璞

　　　陳菊如　　　　　　　童季齡（闇子素代）

　　　沈克非（舒昌譽代）　金士宣

　　　高大經　　　　　　　周德鴻（孫振先代）

　　　吳競清　　　　　　　吳中林

　　　何墨林（李振先代）　蔣易均（李荃孫代）

　　　劉傳書（許詒勳代）　徐允鰲

列席　許詒勳　　　　　　　繆　通

主席　項雄霄

紀錄　徐允鰲

甲、報告事項

（A）主席報告

　（1）宣讀上次會議紀錄。

　（2）據周代表報告，上年十二月份中航機總運量共計八三六噸。

　（3）中航公司儲備宜賓飛機油，自上年十二月十八日至本年一月十日止，共收 7642 加侖，共付 6126 介侖，計存 1516 介侖（約五噸）。

（B）中航公司高主任報告

    （1）本月一日至七日運量一七五噸七八五公斤，其間六、七兩日機數特少，原因未明。

    （2）宜賓補充油料目前收付情形，或因天冷關係，原定每機隊用 100 加侖，實際上已感不敷，為使有備無患而不致發生停頓起見，擬請將一個月所需之 50 噸優先運足，仍按旬列報。

    （3）兩航空公司飛機油未能按照實際需要配運，致已引起美方誤會，認為無須照原規定數量購運，致使客運機運輸均受嚴重影響，若不立予救濟，又將陷於停頓之虞，故除丁宜線貨運油請照前項請求實行外，關於丁宜線客運油七十五噸亦請按月照數配足內運，以利空運。

（C）交通司王司長報告

    （1）軍政部近有佈置○○個師之計劃，則對今後軍用通訊器材噸位似應增加。

    （2）目前川滇東路軍運繁忙，機油極感不敷，似須增運救濟。

（D）財政部閻代表報告

    本部前請裝運赴美之公債票，刻已車運昆明，擬請通知昆明空站及中航公司准予裝機運印。

乙、討論事項

（1）周區代表來電為美機裝運中航機我政府物資重量
　　時有多計應否補還請核示案

決議：

一、應先洽定雙方通用之計重標準。

二、凡免費承運之各類物資如出入不多，無須補運，
　　免致牽動逐月噸位。

三、航空公司汽油係以現金購運，在可能範圍內應力
　　求準確，但因意外損失之噸位亦不必苛求補運。

（2）中航公司提請關於客貨運所需飛機油應予儘量配
　　定內運案

決議：

一、中航宜賓補充油照估計每月 50 噸准優先運足，不
　　再每機帶運，並暫定二月份起實行。

二、兩航空公司客運油在未能照實需數量配足之前，
　　准將一月份所得比率（即卅噸）優先運昆。

散會

軍事委員會運輸會議物資內運優先管制會議第四十八次會議紀錄

日期　民國 33 年 1 月 18 日下午 3 時

地點　祕書處會議廳

出席　項雄霄　　　　　　潘光迥

　　　王景錄　　　　　　吳競清

　　　陳菊如　　　　　　楊繼曾（周其棠代）

　　　汪英賓（屠　雙代）　陳　璞

　　　吳中林（陳雲僑代）　蔣易均

　　　沈克非　　　　　　何墨林（李振先代）

　　　楊柳風（孫振先代）　李吉辰（高大經代）

　　　劉傳書　　　　　　童季齡

　　　盛祖鈞　　　　　　徐允鰲

列席　陳長桐　　　　　　王世圻（潘世寧代）

　　　林令恩　　　　　　程威廉

　　　舒昌譽　　　　　　許詒勳

　　　繆　通

主席　項雄霄

紀錄　徐允鰲

甲、報告事項

A. 主席報告

　1. 宣讀上次會議紀錄。

　2. 中航機內運量照半月來實施成果，仍難樂觀，故二月份比率無法適度調整，擬仍悉照一月份比率實施。

B. 中航公司高主任報告，本月運量截至十四日止，共
　計四〇四噸六〇六公斤。

乙、討論決定事項

1. 中航公司高主任提議二月份內運比率既不變更則對
　兩公司之客運飛機油月共七十五噸應請設法配足俾
　能維持業務案

決議：

另案簽請總長核示。

2. 美軍總部賀安將軍來函建議將存印物資由美國駐印
　後勤部出資整理修葺請同意案答復案

決議：

原則贊同，並提出下列各點：

一、整理或修葺，希望會同我方各物資機關所派技術
　　人員合作辦理。

二、廢損物料，美國駐印後勤部不負償還之責，但如
　　國內需要之品，仍得繼續申請租借或購買。

三、整理或修葺完竣後之物資，請按分類分予儲藏，
　　並加註原定之箱記，以便查考或提運。

四、整理或修葺之結果請隨時填表送交我國駐印專員
　　公署。

此外，由我各物資機關指定或加派之技術人員，在印受
駐印專員公署之督導，共同工作。

散會

軍事委員會運輸會議物資內運優先管制會議第四十九次會議紀錄

日期　民國 33 年 2 月 1 日下午 3 時

地點　祕書處會議廳

出席　項雄霄　　　　　　　潘光迥

　　　王景錄（許詒勳代）　楊繼曾（周其棠代）

　　　吳競清　　　　　　　吳中林

　　　何墨林（李振先代）　楊柳風（孫振先代）

　　　李吉辰（高大經代）　金士宣

　　　蔣易均　　　　　　　沈克非（舒昌譽代）

　　　劉傳書（程威廉代）　童季齡（閻子素代）

　　　陳菊如　　　　　　　徐允鰲

　　　盛祖鈞　　　　　　　繆　通

主席　項雄霄

紀錄　徐允鰲

甲、報告事項

A. 主席報告

（1）宣讀上次會議紀錄。

（2）關於存印物資之管理、儲運、撥讓等問題調整辦法，已得美軍總部十二月十七日函送，擬發之通告文稿經核大致與總長所提原則相符，惟經詳細研究，欲使雙方今後在處理上更求妥協起見，參照其原文酌為補充，函請美方予以修正，一俟答復同意，當再分行各有關部份依照實施。

B. 中航公司高主任報告

（1）月份運量截至二十九日止，八七八噸一五八公斤，內中運至宜賓者一五四噸五四零公斤。

（2）定宜線因氣候關係未能發揮運力。

（3）宜賓站存油至元月卅一日止，尚有四〇四介侖。

C. 中央銀行陳主任報告

鈔券噸位近受整個運量折減影響，未能按率運足，致對國庫支付預算差額甚鉅，若不立時設法補救，恐對各機關經費亦將無法撥給，故一面應請提高比率，一面在本月份必須運足一六零噸。

乙、 討論事項

（1）軍需署請自二月份起將美空軍允撥之被服噸位100噸悉運布匹或單服一面將原有中航機超額噸位悉數增撥本署案

決議：

1. 向美軍交涉案，請軍需署將文件抄送本會參考。

2. 中航本月份如有超額噸位時，當保留請示核配。

（2）祕書處提兩航空司飛機油照實需量配足除50噸運宜補充油外其餘75噸客運油是否仍照三與一之比分配案

決議：

照總量運至昆明後，由交通部核配。

丙、散會

軍事委員會運輸會議物資內運優先管制會議第五十次會議紀錄

日期　民國 33 年 2 月 15 日下午 3 時

地點　會議廳

出席　項雄霄　　　　　　王景錄（許詒勳代）

　　　楊繼曾　　　　　　何墨林（李振先代）

　　　吳競清　　　　　　吳中林

　　　楊柳風（孫振先代）　李吉辰（高大經代）

　　　沈克非　　　　　　劉傳書（程威廉代）

　　　童季齡（閻子素代）　陳菊如

　　　陳　璞（施震球代）　蔣易均

列席　鄭達生　　　　　　舒昌譽

主席　項雄霄

紀錄　繆　通（代）

甲、報告事項

A. 主席報告

　1. 宣讀上次會議紀錄。

B. 中航公司高主任報告

　1. 二月份運量截至十二日止，運入四九二噸六七一公斤。

　2. 接昆明報告，昆明 SOS 內部似有何困難，對於貨機裝卸近日不派人照料，惟公司昆明辦事處已商請空運物資接轉處暫時負責裝卸，俾維運務。

乙、討論事項

1. 軍需署在二三兩月中有布疋及單服與染料九百噸急待運入請求撥給或撥借噸位案

主席答復：

本月超額噸位，當請示總長撥給，至撥借須得物資機關同意，但目下各物資機關均難讓借。

2. 交通部來函，兩航公司擬增加各線客運班次，用油倍增，請向美方交涉請其同意在丁江購油，並增加運油噸位。

主席指示：

可先辦購油交涉，至內運則待總運量有增加時再議。

3. 交通部來函，宜賓線補充油因天氣關係而感不敷，目前因氣候不良，為避免危險起見，擬暫停航。

決議：

可暫時停航。

4. 沈總代表電，交通部有萬國牌車底盤二百五十輛將分批運印，現第一批三十四輛已抵卡，如何處理。

主席指示：

請公路總局將該批車輛情形查明通知運祕處再議。

丙、散會

軍事委員會運輸會議物資內運優先管制會議第五十一次會議紀錄

日期　民國 33 年 2 月 22 日下午 3 時

地點　運祕處會議廳

出席　項雄霄　　　　　　潘光迥

　　　楊繼曾　　　　　　王景錄（許詒勳代）

　　　何墨林（李振先代）　吳競清

　　　沈克非（舒昌譽代）　李吉辰（高大經代）

　　　陳菊如　　　　　　陳　璞（施震球代）

　　　劉傳書（程威廉代）　吳中林

　　　童季齡（閻子素代）　楊柳風（孫振先代）

　　　蔣易均　　　　　　鄭達生

主席　項雄霄

紀錄　徐允鰲

甲、報告事項

A. 主席報告

（1）宣讀上次會議紀錄。

B. 中航公司高主任報告

（1）二月份運量截至十四日止，運入五七七噸八七公斤。

（2）第 57 號機於十七日由昆飛丁，在降落時墜毀，第 75 號機於廿日由丁飛昆，迄未到達，至今無消息。

（3）丁宜段自元月廿五日起因氣候惡劣停航，本月
　　十八日起又開始飛行。

（4）元月份丁昆段共飛四百廿次，內有五十次回程
　　空飛。

（5）昆明機場裝卸物資，SOS 仍未派人照料，內部
　　問題似尚未解決。

乙、 討論事項

A. 運祕處提

（1）二日份前半月運量，平均每日約達四十一噸，
　　估計全月可有超額噸位一百噸，經總長核定優
　　先增運軍需署夏服一百噸，餘運兵工器材。

（2）三月份內運物資噸位仍以一千噸為基數，按照
　　上月原定程序及比率實施，兩航空公司客運油
　　仍准每旬優先特運十五噸，全月共四十五噸，
　　不在基數內（詳附表）。

決議：

通過。

程序	區別	百分比	噸量	所屬	附記
1	兵工器材	30%	300	兵工署	有超額時再增配
2	鈔券	16%	160	中央銀行	
3	航空器材	4%	40	航委會	
4	軍用交通通信器材	12%	120	交通司	
5	公用交通通信器材	12%	120	交通部	
6	衛生器材	6%	60	軍需署、衛生署各半	
7	軍需被服	5%	50	軍需署	
8	工業器材	5%	50	經濟部	
9	鹽務及其他	3%	30	財政部	

程序	區別	百分比	噸量	所屬	附記
10	機油	3%	30	軍公各半	
11	客運飛機油	3%	30	中國航空公司 中央航空公司	有超額時再增配
12	其他	1%	10		汽油精2、廣播2、 英使館1政治部2、 中訊社1 調統局1、教育部1

附記：

一、以上表列仍以一千噸為基數，有超額時再增配急
　　需物資。

二、兩航空公司客運油除表列3%外，仍准每旬優先特
　　運十五噸，全月四十五噸，不在基數內。

三、宜賓線貨運補充油五十噸，在該線物資噸量內優
　　先運轉。

　　（3）滇緬運輸局代電，一月九日英大使館新聞處內
　　　　運物資卅四件，內中一件包裝破爛，經會同美
　　　　軍驗明為女衣等物，內運物資女衣是否合理，
　　　　應請商討。

決議：

二月份已規定該處內運噸位，姑不過問，惟該運及女
衣，似已無急要物資內運，三月份所配噸位可酌減半噸。

B. 中央銀行提

　　（1）現時每月運入鈔券不敷應用，本月已洽美軍機
　　　　代運若干，暫濟目前，下月如有超額噸位，請
　　　　優先配運。

主席答復：

視下月運量如何再議

C. 交通部提

（1）兩航空公司因增加客運班次用油倍增請代向美
　　方洽商增購汽油案

主席答復：

即向美方洽商增購。

D. 中航公司提

（1）現在丁昆段空運因出口物資較少回程空飛較多
　　國內除資源貿易兩委員會應運之出口物資外其
　　他農礦商品等物資可出口者甚多請與美方洽商
　　利用回程飛機出口案

決議：

請示總長先召集資委會、貿委會、中航公司、中信局、
國防供應公司、外匯管理委員會等有關機關舉行小組會
議，商討具體辦法後，再與美方洽商。

丙、散會

軍事委員會運輸會議物資內運優先管制會議第五十二次會議紀錄

日期　民國 33 年 2 月 29 日下午 3 時

地點　運祕處會議廳

出席　項雄霄　　　　　　潘光迴

　　　楊繼曾　　　　　　沈克非（舒昌譽代）

　　　李吉辰（高大經代）　蔣易均

　　　陳　璞（施震球代）　童季齡（閻子素代）

　　　陳菊如　　　　　　楊柳風（孫振先代）

　　　劉傳書（程威廉代）　吳中林

　　　鄭達生　　　　　　王景錄（許詒勳代）

　　　何墨林（李振先代）　吳競清

主席　項雄霄

紀錄　繆　通（代）

甲、報告事項

A. 主席報告

（1）宣讀上次會議紀錄。

（2）兩航空公司因增加客運班次，每月需增用汽油七十五噸，已函史將軍商購。

（3）根據本會第五十一次會議決議，關於利用中印線回程飛機出口物資案，已奉准召集資委會、貿委會、中航公司、中信局、國防供應公司、外匯管理委員會、軍政部等有關機關先行舉行小組會議，商定辦法後再核，其主要討論目標為：

一、空運出口物資之調查、綜核及促進事項。

二、出口有關諸業務之聯繫、協調及促進事項。

三、出口有關之運輸事項。

四、小組會議由潘參事光迴主持，定期召開。

B. 中航公司高主任報告

（1）二月份運量截至廿六日止，共計一二〇五噸卅一公斤，其中丁昆段一〇七〇噸二二二公斤，丁宜段卅四噸八零九公斤。

（2）關於增加客運班次，擬增購汽油七十五噸一案，頃接公司由印來電，該項用油出口證可無問題，擬請從速洽商增購，並准予內運。

主席答復：

三月份超額噸位最優先者，仍為軍需署夏服一百噸，此項客運油如美方同意增購，並能在印領到出口證，而無其他更急需物資內運時，在此原則下，可在一千一百噸以上之超額噸位內內運。

乙、 討論事項

運祕處提：

（1）公路總局代電有第一批萬國牌車卅四輛之引擎約十七噸已到印度請撥噸位內運案

決議：

俟運達東區後再撥噸位。

（2）查國內現有軍公車輛除少數完好者外類皆年老失
　　　靈破敗不堪運輸效力低落在目前狀況之下新車似
　　　難進口倘能設法多輸入引擎更換則運輸效力定可
　　　增進案

決議：

請交通司、公路總局擬具第一批更換引擎計劃，呈請總
長核定，轉商宋部長向美洽購。

丙、散會

軍事委員會運輸會議物資內運優先管制會議第五十三次會議紀錄

日期　民國 33 年 3 月 14 日下午 3 時

地點　運祕處會議廳

出席　錢大鈞　項雄霄　　潘光迥　楊繼曾

　　　王景錄（許詒勳代）　吳中林

　　　陳　璞（施震球代）　沈克非

　　　吳競清　蔣易均　　陳菊如

　　　何墨林（李振先代）

　　　李吉辰（高大經代）　童季齡（閻子素代）

　　　楊柳風（孫振先代）　劉傳書（程威廉代）

　　　舒昌譽

主席　錢大鈞

紀錄　繆　通（代）

甲、報告事項

A. 主席報告

　一、宣讀上次會議紀錄。

　二、據駐印東周區代表報告，接美軍通知，嗣後由卡運狄之我國政府物資均加刷 "C" 字箱記，可無須請求放行。

　三、東區周代表對於我政府機關今後商請美軍機代運物資建議三項：

　　　（1）今後各部會商請美軍代運物資，請先電區處調查有無存貨，倘有噸位無貨，則美軍

方面口惠而實不至，今後請運恐增困難。

（2）本區存貨可運者微，他區來貨運輸困難費時，就加爾各答至狄不魯加間而言，鐵路需時六十五天，水運需時八十五天，請求放行則又需一月以上，其他可知。

（3）現在美軍統制特嚴，往往在我國習慣上觀察，必要時下級官長應有可以便宜行事之處，在美軍反不可，則每有我方物資不及運到請求變通時，輒答重慶已有命令，在未奉命改動以前，寧因無貨停飛，未能變通，事實上無法強制，略以今後在渝洽運時，擬請加以彈性，特准此間區司令部接受本區處建議，在必要時稍事變化，以應環境。

B. 中航公司高主任報告

一、三月份內運量截至十日止，共計四五六噸一七六公斤，其中丁昆段四二四噸三九六公斤，丁宜段十一噸七八〇公斤。

乙、 討論事項

一、運祕處提

兩航空公司因增加客機班次向美洽商在印增購油七十五噸據覆因有困難不能供應案

決議：

請中航公司供給資料，呈請總長再函史將軍同意增購。

丙、散會

軍事委員會運輸會議物資內運優先管制會議第五十四次會議紀錄

日期　民國 33 年 3 月 21 日下午 3 時

地點　運祕處會議廳

出席　錢大鈞　　　　　　　項雄霄

　　　潘光迥　　　　　　　王景錄

　　　楊繼曾　　　　　　　吳競清

　　　何墨林（李振先代）　吳中林

　　　盛祖鈞　　　　　　　楊柳風（孫振先代）

　　　陳　璞（施震球代）　金士宣

　　　沈克非（舒昌譽代）　蔣易均

　　　李吉辰（高大經代）　童季齡（閻子素代）

　　　劉傳書（程威廉代）　繆　通

　　　徐允鰲　　　　　　　陳菊如

列席　許詒勳

主席　錢大鈞

紀錄　徐允鰲

甲、報告事項

A. 主席報告

（1）宣讀上次會議紀錄。

（2）據滇緬公路運輸局報告，昆明機場裝卸工作，業經美軍供應部 SOS 派人接替，恢復正常手續。

B. 中航公司高主任報告

（1）本月一日至十八日內運量六七一噸六五五公斤。

（2）十一日有 86 號機一架由昆飛丁途中失蹤。

（3）十三日 85 號機由丁飛昆途中，因機件發生障礙，將所載鈔券 21 箱、鋅壹塊中途拋棄，藉以減輕載重而策安全。

（4）據宜賓站報告，美軍機準備在宜降落，並聞出口豬鬃將由美機載運。

C. 公路總局程科長報告

關於美軍機降落宜賓問題，美軍方面曾與龔副局長有非正式之接洽，關係成都機場工程所需材料，有運卸宜站之必要，故本局並曾有函至運輸會議，請航委會將該機場設法加強之建議。

主席提示：

此事在本處方面未接到美方通知，而公路總局來函亦未提及美機降落宜賓，應請中航公司及公路總局正式查報。

D. 軍需署吳司長報告

關於軍需處夏服，雖蒙在二、三兩月份撥給超額噸位，並經飭知本署駐印李代表準備在案，但據悉存在東區者數量不多，如向西區提運，在三月份亦有不及趕到之勢，並因美軍頃允在三月份代運貳百噸，則連同中航機超額噸位共約四百噸左右，為免犧牲此項噸位起見，已飭知將美方應允之二百噸儘先利用，所有中航機部份不及趕運之噸位願借與讓其他機關利用，於四月份撥還本署。

主席提示：

讓與兵工署運兵工原料，在四月份撥還。

E. 交通司王司長報告

國內通訊材料各庫均無存儲，亦無處購買，且待用至急，擬請將存印鉛絲五百噸中希望有貳百噸增配運入，以資救濟。

主席答復：

查明三月份超額項下有無辦法再酌。

乙、 討論事項

一、運祕處提

擬調整四月份中航機內運噸位案

根據二、三兩月實施狀況，均能超出預定基數，四月份仍有此可能，軍醫署奉委座諭，關於軍用醫藥充分囤儲，嗣後務必發給現品等因，故應特予提高其內運比率，俾使達成任務，茲酌予調整如次：

(1) 仍以壹千噸為基數，兵工原料 30%、鈔券 16%、航空器材 4%、軍用及普通交通通訊各 12%、民用醫藥 3%、軍需被服 5%、工業器材 5%、鹽產器材 3%，均保持原有比率。

(2) 原列機油 3%、兩公司客運飛機油 3%、其他 1%，均改在超額項下支配，並儘可能適應其最低要求。

(3) 將上項提出之比率共 7% 增入軍用醫藥，連同原有 3%，共成 10%。

(4) 壹千噸以外之超額，以二百五十噸為標準，支配如下：

      1. 兩公司客運飛機油

        七十五噸（仍准分三旬優先運足）

      2. 機油

        五十噸（仍歸軍公各半）

      3. 軍需夏服

        壹百噸

      4. 其他

        二十五噸（另案核配）

    （5）如能超達二百五十噸以上時，則再臨時核配

        其他急要物資。

    （6）宜賓站貨運補充油，仍照前定辦法優先運儲

        五十噸，包括在運宜物資噸位內。

決議：

通過（另詳附表）。

（附四月份航機內運比率表）

四月份中航機內運物資百分比率表

程序	區別	百分比	物資機關
1	兵工原料	30%	兵工署
2	鈔券	16%	中央銀行
3	航空器材	4%	航委會
4	軍用交通通訊	12%	交通司
5	普通交通通訊	12%	交通部
6	軍用醫藥	10%	軍醫署
7	民用醫藥	3%	衛生署
8	軍需被服	5%	軍需部
9	工業器材	5%	經濟部
10	鹽產器材等	3%	財政部

附記

1. 上表以 1000 噸為基數，凡佔有百分比率者為必不可
   少之物資，務須運足。

2. 1000 噸以外之超額，暫以 250 噸為標準，優先程序
支配如下：

  （1）中國及中央兩公司客運飛機油 75 噸，仍准分三
旬優先運足（即每旬 25 噸）。

  （2）汽車用機油 50 噸仍歸軍公各半。

  （3）軍需夏服 100 噸。

  （4）其他 25 噸另案核配。

3. 如能超達 250 以上時，則應臨時核配急要物資。

4. 宜賓站貨物補充油，仍照原定辦法優先運儲 50 噸，
包括在運宜物資噸位內。

二、公路總局程科長提

  （1）本局到印木炭爐四十九套，前曾請准撥給超額
噸位 20 噸內運，結果因該月份並未達成此項
超額，故迄未運入，擬請在四月份撥給內運。

  （2）美國萬國牌卡車 250 輛中，第一批 34 輛已電
沈總代表將該批引擎東運，擬請撥給空運噸
位，以便屆時配運入國。

  （3）機內噸位請於五月份列入百分比率。

決議：

（1）（2）兩項俟將引擎到達東區時再併案核配，（3）
項保留。

三、中航公司高主任提議客運飛機油仍須列入正式比
率案

決議：

保留。

四、兵工署提請增加兵工原料空運噸位案

決議：

在四月份將能超達壹千二百五十噸以上時，酌為增配。

五、資源委員會提議為甘肅油礦局及雲南錫業公司美
　　購馬克牌及萬國牌卡車共七十二輛已運抵孟買擬
　　將該項引擎零件約三十六噸請於五六兩月空運入
　　國案

決議：

俟到達東區後在五、六月份再核。

六、周區代表寅支業代電關於兩航空公司用油來源不
　　同配運困難已呈部請示案

決議：

請交通部將答復原文抄送本處。

七、兵工署楊司長提詢宜賓機場目前是否已能降落案

主席指示：

請中航公司查報。

丙、　散會

軍事委員會運輸會議物資內運優先管制會議第五十五次會議紀錄

日期　民國 33 年 4 月 4 日下午 3 時

地點　祕書處會議廳

出席　錢大鈞　　　　　項雄霄

　　　王景錄　　　　　楊繼曾

　　　吳競清　　　　　何墨林（李振先代）

　　　吳中林　　　　　楊柳風（楊樹教代）

　　　陳　璞（孔傳忠代）　盛祖鈞

　　　李吉辰（高大經代）　沈克非

　　　蔣易均　　　　　童季齡（閻子素代）

　　　徐允鰲　　　　　劉傳書（程威廉代）

　　　陳菊如　　　　　繆　通

列席　舒昌譽　　　　　許詒勳

主席　錢大鈞

紀錄　徐允鰲

甲、 報告事項

主席報告：

（1）宣讀上次會議紀錄。

（2）財政部前請運美債票貳噸半，現據滇緬公路運輸
　　　局電，已於三月十七日裝中航 55 號機運印。

（3）美軍總部三月十五日來函稱，三月份未及趕運之
　　　軍需夏服，已飭查巴站准以布料代替，欲於四月份
　　　內運之軍服貳百噸應速即運往查巴，以免延誤，此

函已由總長辦公室抄運軍需署請注意照辦。

（4）四月份中航機內運噸位，原經以 1250 噸規定在
　　案，旋據周區代表建議，為使美軍準備充分油料，
　　不敷停飛起見，請以 1500 噸為基數，當經簽奉總
　　長核准照辦，除 1250 噸仍然照原案辦理外，另增
　　250 噸之優先物資如下：

　　1. 交通司通訊線料　　100 噸
　　2. 兵工原料　　　　　100 噸
　　3. 汽車引擎　　　　　 50 噸
　　　（如缺乏時改運機油）

主席提示：

上項增加之噸位，其原意欲使比照基數配合飛航油料，
故不能認為可靠。

（5）周區代表寅世代電報告中航機缺油經過，三月份
　　曾停飛二日以上，現已復航，但每日飛行基數甚
　　少，關於中航用油之分配問題目前尚在洽商中。

（6）周區代表電告四月份美軍機允運我方防空網線
　　123 噸、西南公路局材料 204 噸、交部材料 132
　　噸、兵工原料 221 噸。

（7）周區代表報告東區缺貨，並洽請沈總代表向美方
　　交涉，將西區 CDS 物資東運情形。

交通司王司長報告：

上次紀錄本司存印鉛，然數量應請改為 500 噸，請於最
近內運之數為 200 噸。

公路局程科長報告：

上次報告係本局到印木炭爐 49 套，已改請美機代運，

尚有續到者一千餘套，請設法內運，應請照此更正。

中航公司高主任報告：

（1）三月份中航運量壹千〇貳拾噸又七五〇公斤（原可達成 1200 噸，實因缺油關係，受此打擊，如能提出交涉，仍有增高希望）。

（2）客機用油在一、二、三月份共核准內運總量為 168 噸，但實際運入 114 噸半，三個月計欠運五十三噸半，擬請准將此數於四月份除已核准噸位外，再將欠數一次補運。

乙、 討論事項

（1）兵工署提議，為嗣後對存印西及加爾各答等地本署急料之請運，擬：

一、由本署逕函駐印總代表處辦理。

二、請轉向美軍交涉增高加狄間 CDS 運率。

決議：

一項照辦。

二項併同周區代表報告缺貨情形，請總長函請美軍總部交涉。

（2）教育部來函請自四月份起逐月增給空運器材噸位案

決議：

四月份無此可能，如五月份運量好轉，當再酌辦。

（3）川康綏靖公署來函為在印購有西藥共約壹噸請給
　　空運噸位內運案

決議：

介紹中航客機利用空餘噸位分批內運，復請該署逕洽。

（4）川康鹽務局請將汲滷鋼繩每月最少經常運足二十
　　噸並懇准運宜賓案

決議：

一、請增噸位，仍請財部在所得比率中酌配。

二、宜賓線迄今未能充分利用，暫難照辦。

丙、　主席提示事項

（1）奉孔副院長電話，以目前鈔券奇缺，不敷週轉，
　　飭先運足 240 噸，經奉總長核示照辦，應即電知
　　周區代表洽運，至其餘比率仍不變更。

（2）中航機缺油及東區缺貨問題，可備就節略簽請總
　　長提向美方交涉。

散會

軍事委員會運輸會議物資內運優先管制會議第五十六次會議紀錄

日期　民國 33 年 4 月 11 日下午 3 時

地點　運祕處會議廳

出席　錢大鈞　項雄霄　王景錄　　楊繼曾

　　　吳兢清　何墨林（李振先代）　陳菊如

　　　楊柳風（孫振先代）　　　陳　璞（孔傳忠代）

　　　吳中林（陳雲僑代）　　　沈克非（舒昌譽代）

　　　蔣易均　潘光迴　金士宣　　徐允鰲

　　　李吉辰（高大經代）　　　童季齡（閻子素代）

列席　王世圻　甯樹蕃　李廷弼　　許詒勳

主席　錢大鈞

紀錄　徐允鰲

甲、報告事項

主席報告：

（一）宣讀上次會議紀錄。

（二）關於中航貨機缺油及狄卜魯加缺貨問題，除於上星期四中會報時曾經總長口頭提出外，並用書面交涉在案，其要點：

　　（1）缺油問題仍請其勉為設法，倘一時仍無法解決，則在此期間擬將中航機所擔任之一部份物資請由美軍機酌予協助代運。

　　（2）缺貨問題，請其將印西及加爾各答至狄卜魯加間 CDS 物資之優先運率設法增進，以

資啣接。

（三）奉總長卯江參代電開：「准史迪威將軍三月十
三日 489 號函，請准予全權撥讓物資予成都機
場計劃及列多修路工程案，經遵照委座面諭『原
則可行，但須將美方需要之品種大概數量預為
約定』等因，並核定辦法四項：

（1）該項工程完畢後，如需再撥讓物資，仍應
按照原規定各別聲請。

（2）美方擬撥讓之物資，僅限於史將軍為中國
軍隊申請之物資內，而為該項工程所絕對
必需者。

（3）物資撥讓及物資補還後，請隨即將所撥讓
及補還之物資品種等函報中國政府備查。

（4）撥讓之物資希最遲於四個月內補還，以應
國內需要。

以上各點經函准美方復稱『貴方所提辦法除第
四項因受運輸限制或不能在四個月內將物資補
還外，其餘均可接受，又關於撥用物資之大概
項目及數量預為約定一節，因現尚無何種特殊
之物項可言，亦難列陳，惟可保證吾人僅在確
實需要之情況下始運用此項全權』等語，除將
經過簽報委座外，特電飭查照」。

（四）周區代表卯灰電報告，本月份美軍機因擔當特殊
工作，奉令減少噸位，我國物資軍需署由 200 噸
減為 150 噸，兵工署由 221 噸減為 180 噸，交部
由 132 噸減為 100 噸，防空網線仍為 147 噸。

中航公司高主任報告：

本月一日至九日運量 295 噸一三六公斤。

配件總庫王總經理報告赴印視察概況：

一、在印運汽車配件（包括交通司者），大部份均被美
　　方自由提用。

二、目前到印物資均由美軍供應部（SOS）經管，以喀
　　拉蚩及加爾各答為進口處，我各機關可憑需要情形
　　請求各該地區代表轉請總代表向美軍供應部要求利
　　用水陸或空運轉送阿薩姆區之定疆，此項手續辦理
　　完畢至少需時一個月。

三、美軍供應總部所定我國物資優先程序，恆被列於
　　四、五等，各該供應分處自奉令迄至啟運時期，又
　　須延擱至少二、三星期以至一、二個月，卡拉蚩東
　　運至阿薩姆區行程須二、三個月，加爾各答北運至
　　阿薩姆區亦須兩個月，照上述計算，自物資到印日
　　起迄至到達阿薩姆區定疆物資交空運為止，在加爾
　　各答者至少需時三個月，在卡拉蚩者至少四個月。

四、除上述運輸困難外，尚有延擱原因如下：

　　1. 美軍在新德里設有後方參謀部，對我物資供應有
　　　審核之權，並憑藉委座同意，凡我國內外遠征軍
　　　所需物資可由美方直接向沈總代表洽提我在印
　　　CDS 物資，是以美軍供應總部接到我方請運物
　　　資通知時，必先轉請參謀部審核，如認為轉運之
　　　物資係美軍需要者，不特不予交運，並可加註標
　　　記，指為該軍使用，而我方反不得提運。

　　2. 印境水陸空運輸工具歸美方統制，同時指定噸位

交美軍支配，而我國租借法案物資之運輸程序，
既前後數量又極少，就以加爾各答至阿薩姆區
之物資每月不及三、四百噸，現在東區物資已選
運將罄，故對中航機之運量未能啣接配合。

五、上項情形駐印代表處對此困難目前認為必需解決者：

1. 如何減少美軍在印任意提取物資。
2. 確定印境運輸程序中之 CDS 物資優先權。

乙、 討論事項

（一）中航公司提議在核准每月內運之客機用油噸位
中請以 30 噸運至宜賓以便由宜水運來渝分送內
地各站藉資減少糜費案

決議：

准在運宜兵工原料 200 噸中撥出 20 噸，鈔券 60 噸中撥
出 10 噸，如有飛宜貨機時依此比例帶運。

（二）交通部兵工署軍需署分別提請增給空運比率及
確定超額優先權案

主席答復：

俟運量好轉再行商討。

（三）交通司提議根據駐狄代表第 21 次會議紀錄第三
項關於修理在狄物資破箱費用已否籌得的物案

決議：

查美方建議修葺整理在印物資案內，可由美方負擔費用，
此案似可由周區代表商承沈總代表向美方交涉併辦。

散會

軍事委員會運輸會議物資內運優先管制會議第五十七次會議紀錄

日期　民國 33 年 4 月 18 日下午 3 時

地點　祕書處會議廳

出席　錢大鈞　項雄霄　　　　　潘光迴　吳競清

　　　王景錄（華壽嵩代）　　　楊繼曾（周其棠代）

　　　何墨林（李振先代）　　　楊柳風（孫振先代）

　　　陳璞　吳中林　　　　　　高大經　金士宣

　　　沈克非　劉傳書（程威廉代）　蔣易均

　　　童季齡（閻子素代）　陳菊如　繆通

　　　盛祖鈞（鄭達生代）

列席　許詒勳　舒昌譽

主席　錢大鈞

紀錄　徐允鷔

甲、報告事項

A. 主席報告

（一）宣讀上次會議紀錄。

（二）周區代表真電報告，在狄鈔券 324 噸，遵已洽妥儘先搶運 240 噸，截至九日止已達 116 噸。

（三）周區代表元電報告，美軍部奉令停運制服。

（四）周區代表元電報告中航機缺油問題，並與美方洽商經過：

　　1. 十日下午起又停飛，至十三日始恢復。

　　2. 本月份配給中航汽油 100 號者四萬英加侖

（內一萬加侖為客機用），90 號者二二五
〇〇〇英加侖，但本區機廠三處實需 90 號
汽油四九九〇〇〇加侖。

3. 洽據德里油料主管謂，下月份可望增加中
航可得 100 號四萬英加侖，90 號二九六
〇〇〇英加侖，每航程以 500 英加侖計，可
飛行六七二次，此外尚有客機用油 90 及 100
號共九千英加侖，以後希望逐增。

4. 該主管人又提詢中航客機商運與運輸機貨運
在缺油時，是否兩者並重，不分先後，倘將
客機汽油一部份移作貨運，可增貨運噸位。

5. 建議意見：

中航客機係由加爾各答起飛，似應商准中
航公司所有客機均在加爾各答加足油料，
或利用空噸位自運油來定，不得再在定疆
加油，如是則可騰一萬加侖作為定昆間貨
運用，增加內運量三、四十噸之多，因中
航機由加至定航程高度不及定昆間之半，
載重超出甚多，而運輸重點則為定昆段，
是以由加至定自帶備用汽油應無問題，如
是解決則：（一）使貨運量增加，（二）
一般外人以為我政府缺乏油料，寧停貨機
不停客機之誤會，亦自輯。

主席提示：

第五項函請中航公司研究答復。

B. 中航公司高主任報告

本月運量截至十五日止，四三一噸一八九公斤。

C. 交通部李代表振先報告

中航公司承辦中印空運，照約每機每次來回由美方付給公司美金六百元，係自上年三月份起實行，但現時公司方面各項開支均已增高，如仍以六百元一次付給，實不堪賠累，刻擬提向美方交涉每月飛行在五百次以內，每次增為七百元，如超過五百次以上時，除五百次仍為七百元付給外，其餘每次可減為五百元，如此項交涉不獲美方同意，則擬商請各物資機關酌予補助，俾公司方面得以維持。

乙、討論事項

周區代表卯刪電建議本月中航運量估計約 900 噸為應急計除運足鈔券 240 噸外其餘擬照五十四次會議紀錄所列各項分別按七折配運或予停運請核示案

決議：

依照 900 噸之總量，除特准運足鈔券 240 噸外，則應以 660 噸計，可照五十四次紀錄，除原列鈔券 16% 予以剔除，及其他項下 25 噸予以停配外，其餘各項連同超額部份共計 965 噸，悉照七折配運，不必停運任何一項，以昭公允。

丙、散會

軍事委員會運輸會議物資內運優先管制會議第五十八次會議紀錄

日期　民國 33 年 4 月 25 日下午 3 時

地點　運祕處會議廳

出席　錢大鈞　　　　　　項雄霄

　　　王景錄　　　　　　楊繼曾

　　　吳競清　　　　　　何墨林（李振先代）

　　　吳中林　　　　　　楊柳風（楊樹教代）

　　　陳　璞（孔傳忠代）　鄭達生

　　　李吉辰（高大經代）　金士宣

　　　潘光迴　　　　　　蔣易均

　　　童季齡（閻子素代）　劉傳書（程威廉代）

　　　沈克非（舒昌譽代）　陳菊如

　　　繆　通　　　　　　徐允鰲

列席　寧樹藩　許詒勳　　蔡壽蓀

主席　錢大鈞

紀錄　徐允鰲

甲、報告事項

A. 主席報告

　（一）宣讀上次會議紀錄。

　（二）周區代表卯刪代電報告 CDS 通訊器材最近又
　　　　准美軍通知再奉令停運（當由本處正式轉知軍
　　　　政部及交通部）。

（三）關於中航機缺油及狄卜魯加缺貨問題，經提書
　　　面交涉去後，准史迪威將軍答復，允為分別設
　　　法恢復，並作適當之考慮等語，我方當以除缺
　　　油問題係整個困難，擬暫勿再提外，至缺貨問
　　　題，認為僅允字面上之考慮，無濟於事，故特
　　　再提出具體意見請將由喀拉蚩及加爾各答運往
　　　狄卜魯加之 CDS 物資優先噸位，每月必須插
　　　入二千八百噸，至少不能低於二千噸，刻正續
　　　提交涉中。

B. 中航公司高主任報告

（一）本月運量截至廿二日止，七六零噸二七二公
　　　斤，內中到達宜賓者，十九噸七一三公斤。

（二）丁宜線自本月廿二日起復航，每日三架，大約
　　　在下月份每日可達五架。

乙、 討論事項

（一）兵工署楊司長提議

　　　1. 現存狄不魯加之物資，兵工材料尚屬多數，
　　　　 如遇各類物資缺乏而不及趕運時，可否悉數
　　　　 改運兵工材料，以免犧牲空運噸位。

　　　2. 今後氣候轉佳，關於丁宜航線可否增加機數，
　　　　 擴展運量，俾減少積存昆明，無車疏運之虞。

決議：

1. 各類物資如缺乏時，准悉數改運兵工材料，但日後
　 各類物資趕到時，仍須撥還此項噸位。

2. 請交通部先行試洽。

（二）運祕處提議，規定五月份中航機內運噸位擬照
　　　周區代表元電所報，配備用油數量飛行 672 次
　　　估計，即以 1350 噸為基數，並分甲、乙兩種辦
　　　法支配如下：
　　　甲、1000 噸部份仍照四月份所定比率實施，詳
　　　　　五十四次會議紀錄附表。
　　　乙、350 噸部份支配如下各項：
　　　　　一、中國、中央兩公司客運飛機油　　75 噸
　　　　　二、機油　　　　　　　　　　　　　50 噸
　　　　　三、軍需被服　　　　　　　　　　100 噸
　　　　　四、兵工原料　　　　　　　　　　　50 噸
　　　　　五、軍用通訊線料　　　　　　　　　50 噸
　　　　　　　（如無法照運，則改運兵工原料）
　　　　　六、其他　　　　　　　　　　　　　25 噸
　　　　　　　甘肅油礦局汽油　　　　　　　　兩噸
　　　　　　　廣播事業處器材　　　　　　　　兩噸
　　　　　　　英大使公物　　　　　　　　　　壹噸
　　　　　　　政治部電信器材　　　　　　　　兩噸
　　　　　　　中央社電信器材　　　　　　　　壹噸
　　　　　　　軍統局電信器材　　　　　　　　兩噸
　　　　　　　教育部教育器材　　　　　　　　參噸
　　　　　　　海軍司令部鋼繩　　　　　　　　兩噸
　　　　　　　註：以上共計先配十五噸，餘視屆時
　　　　　　　實施情況再核。
決議：
通過。

（三）中央銀行來函為狄卜魯加存券無多加狄間車運
　　　不及有供應斷絕之虞擬請在五月份所得噸位中
　　　以半數改由加爾各答起飛案

決議：

電周區代表，如有加昆直達貨機，准予儘量優先運券。

（四）周區代表皙電報告大批軍服車運到狄乞洽美軍
　　　總部續運案

決議：

仍請軍需署自行洽辦。

（五）液委會來函准軍政部要求關於軍公各半之內運
　　　機油以後在印分妥後內運逕交軍政部交通部接
　　　收表示同意案

決議：

准自五月份起實行，並通知周區代表及葛局長照辦。

丙、散會

軍事委員會運輸會議物資內運優先管制會議第五十九次會議紀錄

日期　民國 33 年 5 月 2 日下午 3 時

地點　運祕處會議廳

出席　錢大鈞　　　　　　　潘光迴

　　　王景錄　　　　　　　楊繼曾

　　　吳競清（汪竹一代）　何墨林（李振先代）

　　　吳中林（陳雲僑代）　楊柳風（孫振先代）

　　　陳　璞　　　　　　　鄭達生

　　　李吉辰（蔡壽蓀代）　金士宣

　　　沈克非（舒昌譽代）　蔣易均

　　　劉傳書（程威廉代）　童季齡（閻子素代）

　　　陳菊如　　　　　　　繆　通

　　　徐允鰲

列席　郭可詮　　　　　　　許詒勳

主席　錢大鈞

紀錄　徐允鰲

甲、報告事項

A. 主席報告

　一、宣讀上次會議紀錄。

　二、周區代表卯儉電報告，中航貨機於廿七日晚再斷
　　　油停航，經趕赴美軍部洽撥汽油，即於儉晚復航。

　三、五月份美軍機內運程序中，代運我方物資列有
　　　西南局 450 噸、交通部 253 噸、兵工署 425 噸。

四、據周區代表報告，奉電飭利用加昆直達貨機帶
　　運鈔券，已飭加處遵辦，惟加昆間機數有限，
　　無濟於事，如改加埠起飛，牽涉合同，非此間
　　SOS 可能主持，狄存鈔券 110 噸，商中央銀行
　　儘量裝喬，以補不足。

五、周區代表電告四月份中航機運量，由四日至卅
　　日（一、二、三日已作一月份運量）共運九八
　　○・五噸，計兵工署 231 噸、鈔券 244 噸、航
　　委會 29 噸、交通司 89 噸、交通部 57 噸、配件
　　總庫 33 噸、軍醫署 67 噸、衛生署 21.5 噸、軍
　　需署 45 噸、液委會 42 噸、資委會 36 噸、財政
　　部 26.5、中航 50 噸、廣播處 2.5、教部 1 噸。

六、據沈總代表卯智祕五四一五號代電報告，商准
　　印政府對美國供給印度應用租借法案物資之移
　　轉撥讓中國應用之辦法（略）。

B. 中航公司蔡代表報告

一、四月份全月運量一○七四噸一五九公斤，內中
　　到達宜賓者二五噸 755 公斤。

二、丁宜線因氣候轉變，又於廿六日起停航。

C. 軍醫署陳司長報告

一、運宜物資中，擬請准列醫藥噸位。

二、五月份中航超額未列軍醫噸位，請予補救，並
　　於六月份支配時再從寬核給。

主席答復：

軍醫署呈請委座核給之建庫經費尚未奉批，所請可暫從
緩議。

乙、 討論事項

一、周區代表卯寢電請示兩點：

（1）內運百分率應否按照每次所列機關順序裝機。

（2）五月份百分比率甲、乙兩項可否認作第一及第二優先。

決議：

原則可照辦，並授權周區代表仍視情況之如何，照所定各款物資噸位隨時作平衡支配。

二、周區代表卯養代電建議，關於中航貨機宜賓站補充油運儲辦法可否：

（1）恢復搭運方法。

（2）另列噸位，免在物資噸位內扣算。

決議：

准恢復每機搭運兩桶辦法，如遇不敷週轉時，再設法補充。

三、交通司提議聞印度存有提煉機油機器每部約重五十二噸擬在交通部及本司噸位中內運後設法裝置案

甘肅油礦局郭處長報告：

此項機器如能保證空運噸位，本局方面即可向美國洽購。

主席答復：

由甘肅油礦局正式申請，本會可給予證明。

丙、散會

軍事委員會運輸會議物資內運優先管制會議第六十次會議紀錄

日期　民國 33 年 5 月 9 日下午 3 時

地點　運祕處會議廳

出席　錢大鈞　項雄霄　潘光迥　　王景錄（華壽嵩代）

　　　吳競清（汪竹一代）　　　　楊繼曾

　　　何墨林（李振先代）　　　　吳中林

　　　楊柳風（孫振先代）　　　　陳　璞　鄭達生

　　　李吉辰（蔡壽蓀代）　　　　金士宣　沈克非

　　　陳長桐　王世圻　蔣易均　　童季齡（間子素代）

　　　陳菊如　劉傳書（程威廉代）　繆　通　徐允鰲

列席　許詒勳

主席　錢大鈞

紀錄　徐允鰲

甲、 報告事項

A. 宣讀上次會議紀錄

B. 中航公司蔡顧問報告

　本月一日至六日運量二三〇噸〇五一公斤。

乙、 討論事項

一、美軍總部五月三日第五七八號備忘錄為通知新規
　　定存印物資存儲及移用辦法應如何採取對策案

決議：

1. 先請總長函復史迪威將軍表示不能同意。

2. 另開小組會議商討具體辦法，再提交涉。

美國駐中緬印軍總部一九四四年五月三日備忘錄

主題：軍火分配局新規定存印物資存儲及移用辦法

送致：何總長

　　查存印租借法案物資存積甚多，已非由印飛華之航運能力所能負擔，此事已令人關心，因鑒於早日集中一切可能之物資以對付吾們之共同敵人實為重要故，最近數月內美陸軍當局與外國經濟管理局會同中國國防物資供應公司、運輸統制會議各機關，曾盡力設法，希能獲得現有存印物資之具體清單，時至今日，吾人對於存印物資之真相已較以往任何時期更為明瞭，抑有進者，承閣下之協助，吾人對於日就窳壞之存印物資業已設法去舊更新，或利用其殘餘價值矣。

　　為設法儘量利用存印物資起見，軍火分配局現又採取兩項步驟。第一項，該局業已命令，凡由軍部取到現存印之車輛輪胎零件，均立即歸入美國陸軍所存物資中，惟下列三方面需用者除外：（一）裝備駐印華軍者，（二）蘭加訓練中心需用者，（三）「Y」軍需用而又為航運能力所能運到者。第二項，授權本戰區（按指中緬印美軍總部—譯者註）對於軍部取到之一切租借法案物資，倘認為有裨益作戰努力時，不論其種類，悉可有權移用。

　　該訓令中所述之車輛輪胎零件，並不包括貴國所訂購用於中國國內之非標準化之輪胎及零件在內。復次如上所述，貴國駐印軍之需要，航運能力將能供給「Y」軍之需要，均將充分顧到，故只將存印而不用之合乎標

準之車輛輪胎及零件移交與美國陸軍存貨內。

查第二項辦法，用意為減少現時存印而不用之物資，並為避免將來超過實際可能運入中國之過多積存，對於中國政府非為史迪威之目的而訂購之物資，吾人將設法儘量減少運用，上述新方針並於運用時特別謹慎從事，僅於存貨過多時，或有作戰需要時，方始移用此類物資。

依照上述新方針而移用物資時，將由本部註印司令部辦理之，每次移用時將由本部轉告貴方軍火分配局，特別禁止本部隨意作補還移用物資之允諾，因恐與全世界物資優先權與物資缺乏情形有所衝突也。簡言之，軍火分配保留最後核准補還移用物資之權，其情形一如該局保留核准最初申請物資之權，惟每次貴方希望補還移用物資時，可由貴國政府按照常例填具新申請書，依照申請租借法案物資方法辦理之。凡可能時，本部及租借法案物資代表人高德上校均當贊助此種申請。

查此項新方針與現行之物資移用辦法差別甚大，惟可向閣下保證，執行新方針時，凡中國需要之物資及可能航運來華者，均將儘量努力使其航運來華，同時無法航運來華者，則可使其有更大用途。

奉史迪威將軍命
費利斯啟
唐麥盛代簽

另一份抄送陳長桐先生

二、兵工署楊署長提議：

    1. 定宜空運希望能早日復航。

    2. 川滇東路局車輛能否提早放回，俾使本署存昆材料得以疏運濟用。

    3. 本署各廠月需機油十噸，擬請准在存印 D 字箱記內撥借，並即在本署噸位中按月運入，俟本署申請之機油到印，再行歸還。

主席答復：

1. 定宜復航交通部正在交涉。

2. 川滇東路局車輛之放回，聞尚有待。

3. 機油准在存印 D 字數量中儘先提運，在未用至相當程度時，不必另行申請及聲明歸還。

三、中航公司提議存宜貨運油五十噸中因渝蘭桂各站客運油告罄已蒙批准在宜撥借二十噸擬請仍將此數補運足額後再恢復每機兩桶辦法案

運祕處答復：

上次決議辦法曾說明如遇不敷週轉再設法補充，現定宜貨運並不暢行，中航公司所提議擬暫保留。

四、衛生署提議本年內亟待運入之藥品須有一千一百餘噸請自六月份起在兩千噸中規定本署為六十噸並希望以其三十噸能運至宜賓案

運祕處答復：

擬俟規定六月份噸位時再作適當考慮。

丙、散會

軍事委員會運輸會議物資內運優先管制會議第六十一次會議紀錄

日期　民國 33 年 5 月 23 日下午 3 時

地點　運祕處會議廳

出席　潘光迴　王景錄　　　楊繼曾　陳　璞

　　　吳競清（汪竹一代）　何墨林（李振先代）

　　　楊柳風（孫振先代）　盛祖鈞　繆　通

　　　李吉辰（蔡壽蓀代）　金士宣　沈克非

　　　劉傳書（程威廉代）　童季齡（閻子素代）

　　　蔣易均　陳菊如　　　徐允鰲

列席　舒昌譽　許詒勳

主席　潘光迴

紀錄　徐允鰲

甲、報告事項

A. 主席報告

一、宣讀上次會議紀錄。

二、關於美軍總部新規定存印租借法案物資存儲及移用辦法一案，先經總長去函表示異議後，旋准美方答復節稱，非有急迫軍事行動，不擬採用此項辦法等語，至此案經研討結果，並呈奉委座批准答復之意見如次：

美軍為作戰需要而移用租借法案內，限於目前空運力量一時不能內運之存印軍用物資，自可同意，但其注意以下四點：

（1）移用後仍請歸還，俾不妨礙我原定用途計劃。

（2）移用時即通知我方，俾悉物資動態。

（3）本辦法適用於美我兩方之軍隊，其他方面則仍照原有移用辦法辦理。

（4）我各戰區需要之補給物資甚為迫切，惜目前內運力量不足，為求大量補給，加強反攻計，請美方設法增加內運力，以便補充我各戰區之需要。

以上各點刻已函復美方，仍須俟其答復，再通知沈總代表及各機關。

三、關於擴充定宜線運量問題，曾由總長於上星期四（十八日）提出中美會報商討，當據美方表示，俟查明合約再復。

四、關於東區缺貨問題，節經總長交涉結果，得美方最後之答復謂，已將我方歷次去函均經抄寄駐印總部，並飭盡力設法，使有充分準備，俾對中國之運輸不致間斷等語，查此事雖未得雖未得到圓滿解決，但已促起其美方注意，現已將往返交涉經過抄送沈總代表及周區代表隨時參照洽辦矣。

B. 中航公司蔡顧問報告

一、本月運量截至廿一日止，共運八八一噸二二三公斤，內中到達宜賓者五四噸一七二公斤。

二、本月份運輸情況在上半月極為樂觀，然下半月忽又發生缺油而突減，其原因恐係密支那方面戰事進展重於軍運所致，現美方提議欲請以中航機缺油之際協助美軍運輸。

三、九十號運輸機一架於十五日下午三時十分由定
疆飛出後，約一小時即告失蹤，該機係由正機
師艾德華（美籍）、副機師張由桐等駕駛，內
載交部之機油九桶計 4005 磅，及兵工署之鋅塊
十一塊計 418 磅，又九十二號運輸機一架十九
日遭遇碰傷，大約即可修復。

C. 交通部李專員報告

關於擴展定宜線運量問題，交通部方面曾擬有照現時
增加一倍之計劃，此事擬由何司長於日內赴印提商。

D. 交通部王司長報告

本司現急需遠征軍運輸車應用之輪胎兩千套，據報
東區存胎均已由交通部提完，如待沙西丹部份運
入，則緩不濟急，應請設法補救。

運祕處答復：

此事已有洽定辦法，並正向美軍交涉空運噸位中。

乙、討論事項

（一）祕書處提議六月份中航噸位仍以 1350 噸為基
數，並仍照甲、乙兩部份支配，除甲部份 1000
噸應依五月份比率實施外，乙部份 350 噸酌改
如次：

（1）中國中央兩航空公司客運飛機油七五噸
（仍准分三旬優先運足）

（2）汽車用機油五〇噸（交通部、交通司各半）

（3）軍需被服一〇〇噸

（4）兵工原料五〇噸

（5）軍用通信器材三〇噸（如無法照運則改運
兵工原料）

（6）軍用醫藥二〇噸

（7）民用醫藥一〇噸

（8）其他一五噸（仍照五月份配列）

決議：

通過。

（二）航委會提議本會發動機製造廠現存查巴重要機
件一批計卅噸急特內運因體積較大非中航機所
能裝載經與美軍交涉允為代運但須以中航噸位
交換運供十四隊百號汽油惟本會所得噸位有限
擬請另行增撥以便交換內運案

決議：

由祕書處另案簽報核辦。

（三）液委會盛組長提議現由印內運之機油規定由交通
司及交通部各半分配而本會方面對於其他緊急用
途輒感無法供應擬請統籌配合以資救濟案

主席答復：

請將需要數字函告本處再行酌辦。

散會

軍事委員會運輸會議物資內運優先管制會議第六十二次會議紀錄

日期　民國 33 年 5 月 30 日下午 3 時

地點　運祕處會議廳

出席　項雄霄　王景錄　　楊繼曾　陳　璞

　　　吳競清（汪竹一代）　何景林（李振先代）

　　　吳中林　盛祖鈞　　陳菊如　金士宣

　　　李吉辰（高大經代）　楊柳風（孫振先代）

　　　劉傳書（程威廉代）　沈克非　蔣易均

　　　童季齡（閻子素代）　繆　通　徐允鰲

列席　郭可詮　舒昌譽　　張鄂聯

主席　項雄霄

紀錄　徐允鰲

甲、報告事項

A. 主席報告

（一）宣讀上次會議紀錄。

（二）據中航公司書面報告本月份空運情況：

1. 定昆線

自廿二日起以油料漸有補充，始逐漸恢復常態，截至廿四日止共飛四七九次，內運物資九五九噸四三九公斤。

2. 定宜線

亦以缺油及氣候惡劣影響，本月僅飛廿七次，內運物資五四噸一七二公斤。

以上兩線截至廿四日止，共運一〇一三噸
六一一公斤。

（三）周區代表辰敬電報告

自養日以後，如能保持每日平均數四十一噸，
則本月可達一二七一噸，惟決難超過原額。

（四）擴展定宜線運量問題，頃將美軍總部書面答復
略稱，此事經函旬曾部長答復，過去因氣候關
係影響飛行，正盡力設法維持經常班次。本總
部認為每日來往飛行五次，係合同中規定之最
多次數，則目前不必再行更改補充。宜賓水路
可通華東，此為極大優點，不容忽視。

上項設計現正繼續研究中，並為將來計劃之一
部份，但暫時不作最後之行動，俟宜賓航線能
保持經常班次後，始可辦理。

（五）上次會議航委會提案請另撥中航噸位卅噸以便
與美軍機換運重要機件一案，經奉總長核批
「設法在其他項下撥運，如其他項下已無此卅
噸噸位，則暫由兵工署撥借，俟七月份歸還」
等因，當經查明其他項下無此噸位，只能遵照
向兵工署撥借辦法，刻已復請航委會逕與美軍
洽辦，並分電兵工署及周區代表查照在案。

B. 中航公司高主任報告

（一）本月一日至廿八日止，內運量一一八〇噸一〇
四公斤。

（二）本公司第 82 號運輸機於本月廿六日晚六時十
分由加爾各答飛定疆途中，因觸撞山頂失事，

除機身及所載物資全部焚燬外，並該機機師及機械人員共十五人均已殉職。

（三）截至目前租借法案運輸機除壹架在修理外，能飛行之機有廿五架。

C. 交通部王司長報告

據本司駐印人員最近報告，西區及加爾各答運往狄卜魯加之貨物極為稀少，現東區方面深感有斷貨之虞。

乙、 討論事項

（一）液委會提議為供應軍交兩部以外之各機關行車所需機油自六月份起每月另行借撥 50 噸以資分配接濟案

決議：

除已核准內運外，其他機關行車必需機油能在其本身所得中航噸位內帶運者，准酌量供應，仍須液委會查明各機關實需數量，列表送運祕處核辦。

（二）交通部提議中航公司為補助中央公司維持西北交通擬增闢渝哈線每月飛行一次需油七·○七噸因原定運入油量不敷請洽美方准予儘量購運案

決議：

先請交通部逕洽購油，如能成就，再商內運辦法。

丙、 散會

軍事委員會運輸會議物資內運優先管制會議第六十三次會議紀錄

日期　民國33年6月6日下午3時

地點　運祕處會議廳

出席　錢大鈞　項雄霄　王景錄　　　楊繼曾　吳兢清

　　　何墨林　吳中林（劉經浩代）　陳璞　盛祖鈞

　　　童季齡（閻子素代）　　　　　蔣易均

　　　沈克非（舒昌譽代）　金士宣　李吉辰（蔡壽蓀代）

　　　楊柳風（孫振先代）　繆通　徐允鰲

列席　陳長桐　郭可詮　　　李振先　許詒勳

主席　錢大均

紀錄　徐允鰲

甲、報告事項

A. 主席報告

（一）宣讀上次會議紀錄。

（二）轉奉委座諭，著以中航機200噸之運量協助美軍機運飛機油料等因，遵由本處電知周區代表，如油到應即照辦，估計於最近約須停運各類物資五天，一俟油料運足，即可恢復常態。

B. 中航公司蔡顧問報告

（一）五月份總運量一三三〇噸七七六公斤，內中到達宜賓者六二噸二〇四公斤。

（二）六月份一日至四日共運一四四噸三四六公斤，內中到達宜賓者十四噸〇八十一公斤。

C. 交通部何司長報告

關於本人赴印商洽中航機運輸合約調整運費問題：

（一）原約載明此項運費由美方支付，並規定如公司方面遇有收支不敷時，每三個月可調整一次，但此約實行年餘，現始徵得美方同意核算帳目。

（二）照約以每次往返付給美金六百元，早已感覺不敷，公司方面虧累甚鉅。

（三）在印美方初步商談美金運費，如以官價折合當然虧本，如以黑市計算則不致賠累。

（四）據美方表示意欲將此項運費改由國內以國幣付給，此事深感變動甚大。

（五）本人在印獲悉美方組織一委員會飛渝查帳，恐須與總長或外事局有所接洽，本人為妥謀對策起見，故特由印趕回，擬向總長請示兩點：

1. 我方應否亦組織一小組委員會，俾與美方會同查帳，並商談調整問題。

2. 如美方不允增加美金運費時，我擬放棄此項要求，仍請維持原約每次支付六百元，但公司每次虧蝕之數約需國幣兩萬元，可否准由政府補貼，藉以維持。

主席答復：

請何司長補送書面報告，以便轉呈總長核示。

乙、討論事項

運祕處提議美軍總部答復關於改定存印物資移用辦法對我方復請其注意之點除二三四各項表示接受外第一項要求

歸還部份僅能為原則上之協助不能作全權之允許等語擬根
據來函原意建議申請補充移用物資意見四點提請公決案
決議：
原則通過，將第四點原文詳明修正後，仍簽呈總長核示。
（原提案經修正附錄於後）
甲、我方復請其注意事項第一點原文如下：
　　「移用後仍請歸還，俾不妨礙我原定用途計劃」。
乙、美軍總部來函中對於此點答復大要如次：
　　一、美國為欲全部控制物資中緊要項目分配至各戰
　　　　區起見，軍火分配局曾明確規定所有美國戰區司令
　　　　均不得作任何補充之允許，該局現為指派某項軍火
　　　　至每一戰區之唯一有權支配機關，即戰區司令亦
　　　　無此權，僅能將所需建議該局之項目供給而已。
　　二、關於需要補充之請求，須由請求者自行辦理，
　　　　使成為一正式之租借請求，對於請求歸還移用
　　　　項目之正規手續，應遞送一聲請書致駐美軍總
　　　　部之軍事租借法案代表，說明此項物資之需
　　　　要，然後由該代表再轉遞致美國軍火分配局，
　　　　同時並須附有此戰區之有利建議，除此項物資
　　　　非係普遍缺乏，或因其他戰區有更迫切之作戰
　　　　需要者外，此項建議諒能為該局所採納。
　　三、總之軍火分配局所訂定辦法，各地均須遵照，
　　　　本部不能如所要求預先允許歸還全部移用之物
　　　　資，但所需補充之一切項目，本部當竭力設法
　　　　以謀歸還。

丙、運祕處核擬議意見

查此項移用辦法，照上次來函所稱，係以軍用品為主，其他物資僅於作戰必要時始亦撥用，惟此項要求歸還手續已不能適用過去規定辦理，擬參酌此次來函原意，建議如下各點：

一、申請補充物資之注意事項：

（1）確為配合國內戰場所必需者。

（2）因存量有限被其移用者。

（3）依目前空運情形可能內運者。

二、申請手續應由指定之機關（國防物資供應公司）統一辦理，並另由最高審核之機關（軍事委員會參謀總長辦公室）先予審核。

三、申請補充之物資應力避重複，由最高審核機關嚴格注意，如遇有數個機關申請同類之物資，應予歸納。

四、接洽移用及申請補充之機關：

甲、國內由國防物資供應公司駐渝辦事處負移用物資之核對、登記、轉帳暨通知各物資機關，並彙辦申請補充轉洽之責。

乙、國外由駐印總代表辦公處負收轉登記美軍移用物資之帳單，及有關移用手續聯繫之責。

以上各項仍候公決。

運祕處提

六月六日

丙、 散會

軍事委員會運輸會議物資內運優先
管制會議第六十四次會議紀錄

日期　民國 33 年 6 月 20 日下午 3 時

地點　運祕處會議廳

出席　錢大均　項雄霄　潘光迥　王景錄　楊繼曾

　　　何墨林（李振先代）　　　吳中林

　　　吳競清（汪竹一代）　　　楊柳風（孫振先代）

　　　陳　璞　李吉辰（蔡壽蓀代）　　　金士宣

　　　沈克非（舒昌譽代）　　　劉傳書（程威廉代）

　　　蔣易均（包新第代）　　　童季齡（閻子素代）

　　　陳菊如　盛祖鈞　繆　通　徐允鰲

主席　錢大鈞

紀錄　徐允鰲

甲、宣讀上次會議紀錄

乙、報告事項

A. 主席報告

（一）上次運祕處提案，關於美軍移用存印物資我
　　　方各機關申請補充注意事項四點，經簽奉總
　　　長批「可，惟第二項最高審核機關可以軍委
　　　會名義交處辦理，又第三項數個機關申請同
　　　類物資，用途各有不同，可不列入」等因，
　　　遵將原文改列三項（如附件），並已通知沈
　　　總代表、國防供應公司等各有關機關在案，

同時函告史迪威將軍，今後如事實上必須申
請補充時，務請予以有效協助。

美軍移用存印物資各機關申請補充注意事項

卅三年巴副代表通知各機關

一、申請補充物資之要點

（甲）確為配合國內戰場所必需者

（乙）因存量有限被其移用者

（丙）依目前空運力量可能內運者

二、申請手續

應由指定之機關（仍暫指定國防物資供應
公司負責，如機構變動再為更正）統一辦
理，並另由最高審核機關（軍事委員會）
先予審核。

三、接洽移用及申請補充之負責機關

（甲）國內暫仍由國防物資供應公司駐渝辦
事處負責移用物資之核對、登記、轉
報及通知各物資機關，並彙辦申請
補充轉洽之責（機構如有變動再為
更正）。

（乙）國外由駐印總代表辦公處負移用物資
帳單之收轉登記及有關移用手續聯繫
之責。

（二）航委會前請另撥中航噸位 30 噸在六月份與美
軍機交換代運重要機件一案，據周區代表洽
准航會駐印林代表轉復，以此項機件需經修
理工作，六月份不及趕運，請改緩於七月份實

施等情，業經電復照辦，並通知航委會在案。

（三）上次奉委座飭以中航噸位 200 噸協運空軍油
　　　料，據報遵於本月寒日起實施。

（四）兵工署為應付緊急用途，請另撥優先噸位開
　　　運械彈若干，當奉總長核准，在本月下半月
　　　內於中航噸位內再抽 250 噸優先內運，並奉核
　　　示，除先後共撥之 450 噸外，對於必不可少之
　　　物資，如鈔券、中航汽油、軍公用汽車配件、
　　　輪胎、機油及軍用通訊與醫藥等項，仍須按比
　　　率運足等因，遵已急電周代表照辦在案。

（五）據中航公司及周區代表先後報告，六月八日
　　　有 85 號貨機一架由定飛昆，內載鈔券 27 箱，
　　　重 4396 磅，兵工署銅錠一塊，重 45 磅，飛抵
　　　昆明附近失事（截至目前為止中航貨機僅有廿
　　　五架）。

B. 中航公司蔡顧問報告

（一）本月運量截至十八日止，共運五一四噸零五
　　　二公斤，內中到達宜賓者八十二噸二六零公
　　　斤，至兩旬間運量跌減原因，係一部份飛機在
　　　修理之故，下旬或能好轉，但其總量恐至多到
　　　達一千噸。

（二）第 88 號貨機於本月九日由定飛宜，因宜氣候
　　　惡劣，臨時改飛重慶降落，內載鋼條十五條
　　　已由兵工署提去，該機於十日飛昆。

（三）本公司第七十一號客機於本月十六日下午四時
　　　五十分由昆飛渝（此機係美軍臨時包用，內

裝美海軍用品），因氣候關係，於當夜十時
半油盡失蹤，經分頭尋覓，幸在廣西之容縣
附近發現。

（四）第 73 號貨機於本月十六日午後四時五十分由
昆飛定，以機件發生故障，將所裝錫塊三十
六塊完全拋去後，安全降落雲南驛，刻正修
理中。

C.交通部王司長報告

現時規定由中航機內運之軍公各半機油，深感不足維
持最低限度之用途，似應增加內運噸位，以資救濟。

主席答復：

機油之運供，今後將不另給噸位，無論軍公運輸所需或
其他軍公用途，均在其本機關已得噸位內自運，現今運
祕處擬定存印機油劃分辦法（如附件），正呈請總長核
示中。

案由：簽呈總長關於存印 D 字機油（截至最近約存
四千噸左右）劃分運供辦法由

為使主要軍公運輸機關對機油有恃無恐，並免爭
執物權起見，經根據宋部長前函總長商定原則及參照存
油數量特擬定分配辦法如次：

一、交通司估計約需 100 噸，備供年餘用途，即在現存
數內劃撥 1500 噸作為交司專屬之物資，加註交司
顯明箱記，自存印境各庫。

二、交通部用途亦廣，擬一次撥供 1200 噸，加註交通
部顯明箱記，自存印境各庫。

三、除上項劃撥數 2700 噸外，所餘約 1300 噸劃為本會

物資，加註 TC 箱記，備供其他軍公用途及補充軍
公運輸機關不足之需。

四、過去規定軍公各半之機油 50 噸，應即停止，分請
交通司、交通部在已得噸位內自運，如感不數亦可
在上項劃撥數內自動增配，不必再呈總長核撥。
至其他軍公所需，得在 TC 部份由本會核撥，但亦
應在其本機關所得物資噸位內自運，不能另增機
油噸位。

五、由運祕處與駐印代表隨時查明存油數量，以便適時
申請（存油數量只數六個月用途時，即辦理申請）。

註：上項分配辦法仍待查明實存數，如實際不到原報數
量時，應再酌與折配。

D. 航委會孫代表報告

本會接到運祕處通知，關於現存東區 D 字機油不敷
配運，准以本會 60 號機油接濟等由，查 60 號機油
根據美軍存倉報告，恐係 120 號之誤，並此項機油
係供飛機所需，如果用於車輛，未免可惜。

運祕處答復：

本處當時亦曾顧應及此，經電周區代表，原則可照辦，
但仍應催運 D 字機油接濟在案。

E. 公路總局程科長報告

存印機油分配數，交通司 1500 噸，交通部 1200 噸，
但交部方面每月實際所需恐較交通司為多，可否平
均分配。

主席答復：

照分配數量用完時，可在 TC 項下再行增撥。

丙、 討論事項

（一）運祕處提議改訂七月份中航機內運比例案，擬以 1300 噸為總基數，不作額外支配，改訂如次：

1. 兵工原料　　　　35%　　　455 噸
（緊急械彈即在此數內優先運入）

2. 鈔券　　　　　　13%　　　169 噸

3. 航空器材　　　　4%　　　 52 噸

4. 軍用交通通訊　　11%　　　143 噸
（軍公各半機油或感不敷之數，應由交通司、交通部分別在此噸位中自行籌運）

5. 普通交通通訊　　11%　　　143 噸

6. 軍用醫藥　　　　5%　　　 65 噸

7. 軍需被服　　　　5%　　　 65 噸

8. 民用醫藥　　　　3%　　　 39 噸

9. 工業器材　　　　3.5%　　45½ 噸

10. 客運飛機油　　　6%　　　 78 噸

11. 鹽產器材等　　　2.5%　　32½ 噸

12. 其他　　　　　　1%　　　 13 噸

決議：

通過。

（二）液委會盛組長提議本會為供應軍公運輸及其他軍公用途以外之機油曾屢請核撥內運現大會規定劃分運供辦法本會既未佔有中航空運噸位自不能援照辦理擬請另籌救濟辦法案

主席答復：

在其他項下酌予撥運。

（三）資委會包代表提議本會工業器材噸位實較過去減
　　　少四噸半可否設法補足又關於提煉機油所需一
　　　部份原料將運抵東區擬請准給噸位優先運入案

主席答復：

百分比短少之四噸半暫難補足，至機油原料俟到達東區
後，准在其他項下酌先運入。

（四）航委會孫代表提請增給航空器材內運比率案

主席答復：

七月份總基數提高後，關於航空器材噸位實際已有增
加，目前如欲提高比率，事實有所困難，但如有超額希
望，當再酌撥。

（五）中航公司提議對宜賓站貨運儲備油擬請核准優
　　　先運足 50 噸俾使準備充分以利運輸案

決議：

運宜物資暫不以月運若干為準，可改以運足 300 噸為
度，即准優先運足油料 50 頓後，再運物資 250 噸，照
此辦法輪轉實施。

（六）交通部提議為中航公司請增購用油數量及充裕
　　　內運噸位以應需要估計兩公司月需 130 噸請如
　　　數撥給優先噸位案

決議：

請交通部併同上次請增渝哈線用油，須先逕商美方同意
增購問題後，再行商討內運辦法。

軍事委員會運輸會議物資內運優先管制會議第六十五次會議紀錄

日期　民國 33 年 6 月 27 日下午 3 時

地點　運祕處會議廳

出席　錢大均　　　　　　　潘光迥

　　　王景錄　　　　　　　楊繼曾

　　　吳競清（汪竹一代）　吳中林

　　　何墨林（李振先代）　楊柳風（孫振先代）

　　　陳　璞　　　　　　　李吉辰（高大經代）

　　　盛祖鈞　　　　　　　金士宣

　　　沈克非　　　　　　　蔣易均

　　　童季齡（閻子素代）　陳菊如

　　　劉傳書（程威廉代）　繆　通

列席　郭可詮　　　　　　　許詒勳

主席　錢大鈞

紀錄　徐允鷟

甲、宣讀上次會議紀錄

乙、報告事項

A. 主席報告

　一、上次報告關於存印 D 字機油劃分運供辦法，業已奉總長核准，並通知駐印代表處及各有關機關照辦在案，本辦法除原列五項之外，尚須注意以下四點：

（1）此項分配辦法仍須由駐印代表處查明實存數
量，如實際不足原報存量時，應酌予折配。

（2）存油並非集中一地，可依各區庫存數量，
按三部分比率劃分。

（3）在未劃分清楚以前，仍准按照迭次核撥各
機關用途數量，在 D 字箱記中儘先趕運，
勿使中斷。

（4）劃分清楚後，東運狄區數量應隨時洽商美
軍按照劃分之數平均運配。

二、七月份中航機其他項下十三噸核配如下：

（1）甘肅油礦局汽油精　　　　二噸

（2）廣播處廣播器材　　　　　二噸

（3）英大使館新聞處公物　　　一頓

（4）政治部各種器材　　　　　一噸

（5）中央社電信器材　　　　　一噸

（6）軍委會辦公室光學照相器材　一噸
　　　（如不及趕運，改運軍統局電信器材）

（7）液委會機油　　　　　　　五噸
　　　（此油在劃分辦法未實施前，仍准暫在 D
　　　字項下提運，將來在 TC 部份扣還）

三、七月一日起辦公時間變更後，優先會議改在每
星期二上午九時舉行。

四、據報沈總代表報告印度東區缺貨原因，其要點
如次：

（1）駐印美軍總部暫飭其分部，轉運物資每月
係分兩次辦理，造列總單限於一日至十五日

及十六日至月底之期限內配運，如物主機
關申請轉運某項急要物資之申請單，該單
關係部份適於月初或月中之轉運總單寄發
之後始收到，勢必展延至下期轉運。

（2）美租借法案物資，不論史迪威或非史迪威
物資，美軍總部核准我方之請運單後，必
須轉請史將軍駐印總部核准放行，如獲同
意，然後始可轉飭東運，供我空運國境，
否則如須備供駐印遠征軍或其他軍事計劃
應用者即被凍結，而請運單亦因此取銷，
故美軍部各單位間公事之約束亦需相當時
日之延遲，勢所難免。

（3）撥車裝運輾轉需時等原因，迨物資運到狄
區之時，如不及趕在限制以內，則因此感
到缺貨困難。

B. 中航公司高主任報告

（一）六月一日至廿四日內運量共計六九六噸六五
九公斤。

（二）本公司七一號客機一架，雖經尋到下落，但
已毀損無用，現奉准以 93 號運輸機補充。

（三）定宜線於廿三日起恢復正常飛行，平均每天
有七架。

C. 資源委員會蔣處長報告

七月份調整內運比率，工業器材減至百分之三·
五，蒙受影響甚鉅，但本會待運之物資極多，所有
短少之噸位可否准以超額補足，又以後軍運■■，

仍請設法提高，以資救濟。

主席答復：

可照辦。

丙、討論決定事項

（一）兵工署提議為請轉洽美方所存印西及加爾各答
　　　等地尖頭鋼盂趕運狄卜魯加以利補充案

決議：

轉電總代表處提示洽辦。

（二）資源委員會提議向美訂購之增加錫產器材重約
　　　二百廿噸得悉美國有此現貨如一經訂妥在兩週
　　　內即可由美啟運擬請分於本年八九兩月內另撥
　　　空運噸位內運由

決議：

應俟確實購妥並運達印境後再議。

（三）據沈總代表擬呈印境轉運物資之噸位分配管制
　　　辦法十二條請予核准放行案

決議：

請各機關代表攜回研究，如有修改或補充意見，應於下
次會議書面提出。

散會

軍事委員會運輸會議物資內運優先管制會議第六十六次會議紀錄

日期　民國 33 年 7 月 5 日上午 9 時

地點　運祕處會議廳

出席　項雄霄　王景錄　　楊繼曾　汪竹一

　　　　　李振先　吳中林　　楊柳風（孫振先代）

　　　　　盛祖鈞　陳菊如　　李吉辰（高大經代）

　　　　　劉傳書（程威廉代）　沈克非

　　　　　郭泰禎（閻子素代）　繆通　徐允鷟

列席　郭可詮　許詒勳

主席　項雄霄

紀錄　徐允鷟

甲、宣讀上次會議紀錄

乙、報告事項

（A）中航公司高主任報告

六月份內運物資僅九〇三噸二五四公斤（內計到昆明者六九八噸八七二公斤，到達宜賓者二〇二噸三七八公斤，到達重慶者二噸四公斤）。

（B）交通部李幫辦報告

關於調整中航公司貨運運價及擬修合約問題，最近所得非正式商談情形如次：

1. 以往規定每次往返付給美金六百元，經查帳結果確實賠累。

2. 美方代表與我財政當局商談，外幣仍可由美

方付給，法幣則歸我政府負擔，曾擬使用中航公司流動金之擬議不能實行。

3. 調整方法，丁昆段每月飛行五百次以內由美方付給美金四百七十五元，如超過五百次以外之次數，則每次付給四百元，預算每次不敷約國幣兩萬元，由我政府負擔。

4. 丁宜段照上數增加百分之二十，但國幣部份是否已由我政府付給，未有具體決定。

5. 修約內容要點，美方所撥運輸機之任務及航行線得由我政府自由支配，根據此項原則，如中航客機之補充亦歸我方核准。

6. 汽油之供應請美方保證不使中斷。

以上各點現正擬訂草案，當再抄送參考。

主席提示：

（一）運輸機任務之支配雖全權歸我，但應全力運用於內運工作。

（二）更應注意經常撥補及今後增加運量問題，似須於合約內包括此點。

（三）汽油供應之外，尚須顧及配件與修理設備。

丙、 討論事項

（一）關於上次會議提商沈總代表擬訂之印境轉運物資噸位分配管制辦法應如何修改或補充案

決議：

參照各機關意見，將該辦法第五、八、十各條補充語句改，答復沈總代表，並分行各有關機關。

（二）中航公司提議為運宜物資暫勿以月份計算一案實
　　　有窒礙難行之處例如最近飛宜貨機每日有七八次
　　　之多擬請仍准按月優先運儲油料 50 噸案

決議：

（一）暫照前次決議試行，如屆時確屬不敷，可再
　　　補運。

（二）七月份已開始准按前項決定，先運足五十噸。

（三）航委會提議請自自八月份起提高本會空運比率為
　　　百分之十五並在七月份優先撥給超額一百噸案

祕書處查復：

航委會請增噸位，正呈委座核示中，俟奉批，當再
遵辦。

（四）公路總局提議滇緬公路運輸局需用木炭爐壹百
　　　套請在八月份另撥中航噸位 50 噸內運案

主席答復：

八月份噸位應屆時再議，如屬急要，則在交通部噸位內
配運一部份。

（五）兵工署提議加拿大互助法案項下到印軍火多批
　　　擬請自八月份起內運案

主席答復：

調整八月份噸位時再研究。

交通部王幫辦報告：

軍火固屬重要，但其他物資實亦為配合作戰所需，故似
應同樣顧到。

丁、散會

軍事委員會運輸會議物資內運優先管制會議第六十七次會議紀錄

日期　民國 33 年 7 月 12 日上午 9 時

地點　運祕處會議廳

出席　錢大均　　　　　項雄霄

　　　王景錄　　　　　楊繼曾

　　　吳競清（汪竹一代）　何墨林（李振先代）

　　　吳中林　　　　　楊柳風（孫振先代）

　　　陳　璞　　　　　盛祖鈞

　　　李吉辰（蔡壽蓀代）　沈克非

　　　蔣易均（李荃孫代）　郭泰禎（闇子素代）

　　　陳菊如　　　　　劉傳書（程威廉代）

　　　繆　通

列席　舒昌譽　　　　　許詒勳

主席　錢大鈞

紀錄　徐允鶩

甲、宣讀上次會議紀錄

乙、報告事項

（A）主席報告

　　1. 據周區代表報告，六月份中航貨運較五月份
　　　減低五百餘噸之原因：

　　　（一）停修機數增加，飛航次數當然減少。

　　　（二）六月份飛宜賓航次為五月份之三倍，

　　　　　因定宜線航程較長，兼之雲霧關係，週轉率減低，是以平均航次及全月總量均受影響。

　　（三）油料儲備不足，交涉費時，往往油到而起飛時間已過，錯落班次。

　　以上三者，第（一）項為最大原因，本月份開始已完全恢復五月初狀態，基本條件堪稱健全。（二）項係事實問題，今後去宜機數增加，影響益鉅。（三）項為各方聯繫問題，刻已向美供應部、機場庫長、美孚油公司代表及中航主管人四方面審定聯繫方針，今後可期改善。至七月份配運方法，擬：（一）先行清還十四隊汽油及兵工署 7.92 子彈，（二）各機關物資在可能範圍之內每旬配運三分之一，以免中間發生特殊情形，軒輊過鉅。

2. 據沈總代表報告洽請美方東運 D 字機油情形：

　　（一）五月卅一日曾配二百噸，由薩加東運，經美軍部核准啟運在案，預計在七月上旬可抵達狄區。

　　（二）六月廿四日又配運一批，約二百五十噸。

3. 關於增加空運力量案，現正在交涉中，但美方指出空運到昆物資我方接運力量不足，徒俟物資囤積昆明，亦屬不利，故空運力量是否增加，須視地面接運力量為斷，因此請各機關切實注意到昆物資之疏運，勿使屯積昆明，致礙增加空運交涉，又如西南公路局負有接運美空

軍物資每月六千噸至八千噸之責任，現僅達
成每月二、三千噸，美方即以此藉口，故各
機關一面應將本身物資注意疏運之外，同時
應協助西南局任務，至少應不妨礙該局接運
計畫。

（B）兵工署楊司長報告

空運力量其勢必需增加，但有應行檢討及解決之
點，茲提出下列數端：

（一）凡國內可以生產之物品，似不應仰給於
國外運入，俾使寶貴之空運噸位充分用
之於重要物資。

（二）國內接運責任，應切時分明擔負。

（三）應查明印境有無陸地運輸工具，為解決
陸空接運之困難，寧可犧牲各機關若干
物資噸位，俾將運輸工具運入補充，以
資配合。

（C）項副祕書長報告

楊司長所提三點極表同意，並擬請各機關注意照
辦如下：

（一）空運物品之審核值得注意，今後應請各
機關將每月擬運物品詳附清單送處，如
國內可以生產及與作戰無重要關聯之物
資，將不給噸位。

（二）到昆接運情形，請各機關在兩天以內將本
年一月至六月份到昆物資輸運情況，何機
關負責存昆數量，以及不能運出之原因，

詳列清單送處查考。

（三）暫時抽減物資噸位，擬先運入一部份運輸
　　　工具，以便解決增加空運交涉之困難。

主席提示：

空運力量之增加自當繼續進行，除解決接運困難之外，
各機關已得之空運噸位應力求撙節，並今後申請空運噸
位時，必須附具請運物品之詳單，至已得百分比率之各
機關，例如下月待運之物資，必須在每月核配噸位之
前，送運祕處審核。

（D）衛生署沈副署長報告

（一）本署方面內運藥品多數係英、美兩國紅十
　　　字會所贈用，因其運達空運起點無確實把
　　　握，故如事前開單，恐有困難。

（二）紗布、藥棉國內雖可自製，但只能供借給
　　　普通病症，如施用手術方面，仍以外來者
　　　為適合，惟本署對此項內運數量已隨時注
　　　意，儘量減少。

（E）中央銀行陳主任報告

印製鈔券實已儘最大努力，惟限於設備及原料之
不敷，兼之鈔券需量龐大，故事實上仍須賴空運
接濟。

（F）中航公司蔡顧問報告

本月一日至八日運量 369 噸 464 公斤，內中到宜
賓者 18 噸 016 公斤。

丙、討論事項

（一）奉交委座午虞侍祕代電飭自本月份起對鈔券噸
　　　位每月增至二百噸案

決議：

（一）　七月份如有超額噸位，遵先撥補。

（二）　調整八月份噸位時再設法。

（二）周區代表午冬業代電為本月份運 7.92 子彈及美
　　　軍機撥運汽油尾數共 241 噸擬在兵工原料運額
　　　內扣算清還案

運祕處查復：

（一）美軍請以中航噸位撥運汽油之對象為兵署子彈，
　　　核與其他機關無關，現據報美機應運子彈 120
　　　噸，已運清，而中航代運汽油尚欠六十三噸，
　　　故似只能在兵工署噸位內扣算清還。

（二）美軍機七月份運輸程序列有兵料 100 噸，請兵
　　　工署逕洽趕運。

（三）軍需署提議為本年一月至五月份空運軍服噸位
　　　照撥給數少運三百餘噸請於最近補足案

決議：

有超額噸位時再補。

（四）軍醫署提議為請在支配八月份噸位時請將軍用
　　　醫藥增至百分之十案

決議：

如八月份有調整必要時，再行考慮。

丁、散會

沈士華報告英美運印物資統計數量及趕運撥讓撥發等情形並建議事項

日期　民國 33 年 7 月 12 日

甲、報告事項

（一）到印物資統計

　　1. 美租借法案援華物資係自卅年五月十八日由美開始運華，截至卅二年底共運出二十七萬餘噸（附表一）。

　　2. 除去內運及撥讓移用之外，截至卅二年底，照帳面結存一十三萬餘噸（包括租借、現購及英借款各類，附表二）。

　　3. 本年一月至四月到印租借案，英借款及其他購買物資共計三萬八千餘噸（附表三）。

（二）印境轉運情形

　　1. 存印租借案及美借款物資之印境儲運，奉准由美軍代辦，英借款及現購物資之儲運則係英福公司代辦，總代表處負責聯繫任務。

　　2. 由印西卡拉蚩運狄卜魯加有鐵路直運，需時約四、五星期，亦可由卡海運至加爾各答，然後轉由鐵路或循內河運狄，為時需五、六星期。

　　3. 總之印境轉運至空運起點狄卜魯加，不論鐵道、水運，最快必需五、六星期，尤其鐵道路軌闊狹不一，中轉裝卸最慢。

4. 印各地至狄卜魯加水陸運量每月約十五萬噸，
   歸蒙巴頓將軍之東南亞戰區司令部管制，撥
   給美軍噸位月可七萬餘噸，我方在此數內所
   得噸位月約二千餘噸（附表四）。

5. 駐印美軍現為加強此段水陸運量起見，已商
   准英方將某部份鐵路移轉美軍管理，又為解
   油運，刻在鋪築由加爾各答至狄卜魯加附近
   之輸油管，近據蘇頓將軍密告，已完成三分之
   二，約本年八月可全部竣事，又據威爾遜將軍
   密告，此段鐵路運量自六月份起可由十萬增至
   二十萬噸，水道運量亦正設法增強中。

（三）空運概況

1. 中印空運自卅一年五月開始，中航機由每月
   150 噸逐漸增加，本年五月份達 1300 餘噸，
   該公司現有載重二噸之運輸機二十五架，每
   日平均內運四十餘噸，美方約定每月補充二
   架（卅二年份及本年一至四月份運量，如附
   表五、六）。

2. 美軍機運量，截至本年五月份，已增至 15000
   噸，大部份運供十四航空隊油彈，其次為我
   滇緬軍隊一部份補充品，此外我方請其協運
   中航運量不足之急要物資，但須視其本身所
   需而定。

（四）物資撥發

   在印租借法案物資如為反攻緬甸之需，前由史
   迪威將軍呈奉鈞座核准可權宜提用，查租借案

運印物資分為：

1. 史迪威物資

係由史迪威將軍向華府陸軍部申請運供其軍事計劃如攻緬甸及其他有關用途之需者。

2. 非史迪威物資

係由我政府各機關轉請國防供應公司申請，其數量殊有限，且用途為迫切所需者，故此項物資如由史將軍權宜撥用，而事前不須徵得我同意，則對各機關之供應影響殊鉅。（以上兩項撥用統計，如附表七）

（五）物資撥讓

駐印美軍如軍事需要，原可申請移撥，照以往規定事前須徵我同意，但本年五月十九日美軍根據華盛頓陸軍部訓令，重訂辦法如次：

1. 凡屬美陸軍部申請運印之租借案物資（即四項所指史迪威物資），如須移撥，可由史將軍決定，不必徵我同意，又以後歸還與否，亦可由渠定奪。

2. 凡由國防公司向華府國外經濟局申請者（即四項所指非史迪威物資），仍照以往規定辦理。

乙、 建議事項

	沈總代表建議事項	審核意見
（一）空運運量	中航運量現月只 1300 餘噸，賴此補給，國內軍公必需品實不敷甚鉅，目前機數既少，運量自難增加，應請交涉將月撥之機數酌增，或悉將現有之二噸載重者換以四噸載重之巨型機，上項辦法如難同意，則先商請在美軍機噸位中劃定我方固定比例，供我配運，藉補不足。	增強空運一節，曾以說帖提向華萊士副總統商談，暫以月運五千噸為目的，至擬增機數及機種，與沈總代表建議原則相同，此事實為迫切需要，擬再向美方正式交涉。
（二）撥讓與撥發	存印租借案物資主權，據美國軍部及國外經濟局均認仍屬美方，其根據為租借法案條文規定，「凡美國租借法給予他國之物資，在戰爭終了時其未毀失或消耗者，美國得予收回」，在我方看法以為存印物不過其儲運，而主權應為我有，此點若不能明白規定，不免時生摩擦，為請消除兩方誤會，擬具澈底辦法如次： A. 存印租借物資主權，我擬全部放棄，作為美方所有，我方需要於三個月前按實際運能每次開單送請美方於空運起點如期交貨，將來公路或海口打通，則於起運地點交貨，由我內運，按此項辦法： 1. 免外人對我存印物資數量過鉅不能內運之批評。 2. 解決物權問題。 3. 各機關可有準確打算。 弊在： 1. 萬一美方不履行交貨諾言，我更無法補充。 2. 軍事進展不能預定三個月以前之申請或不敷三個月之實際運量。 B. 將存印租案內「史迪威物資」、「非史迪威物質」完全劃分，此後以前者為遠征軍之需，後者專供我各機關所用，史將軍再不能隨便撥用，按此項辦法：	存印物資為美軍任意撥用之主要憑藉：（一）現印境運儲工作悉操美軍掌握，（二）中航機運量有限，故最近美方新規定存印物資存儲移用辦法案（如報告事項五），曾奉鈞座核准，「如美軍為作戰需要而移用我國租借法案內限於目前空運力量一時不能內運之存印軍用物資，自可同意」答復在案。 按目前中航機運量薄弱，徒使巨量物資積存印境，為免美方藉口起見，故對鈞座核准同意之原則，仍擬維持，至沈總代表所擬（A）（B）兩項辦法，雖能避免交涉之繁，但如物權一經交割，勢更呆板，而今後對我申請補給益緊，不可不慮，故此弊病多而利益少，茲擬： 一、陸軍部申請者（史迪威物資），均為史將軍各項軍事計劃所需，既不妨礙我國內補給，擬仍同意其自由撥發，但事後通知我政府備案。 二、國外經濟局申請者（非史迪威物資），係我各機關供應國內所需，除非軍事所需，應儘量免予撥用，如因必須而權宜提用時，應先徵我同意並協助申請補還。 三、除以上兩項外，尚有： （1）世界貿易公司物資（現款購置）。 （2）加拿大互助法案物資。

	沈總代表建議事項	審核意見
（二） 撥讓 與撥發	利在： 1. 在印物資得予解決。 2. 各機關本身物資可自行籌配。 3. 兩方對分配誤會可消除。 弊在： 1. 美我兩方用途因此分家，以後對我之申請或將緊縮。 2. 史將軍或以主權問題不願分開。	此兩項之權屬我，在軍事緊急時，原則上雖可撥讓，但務須事先徵我同意，並應保證歸還。查租借法案物資之權屬，現係根據租借條文，我似不便堅持，故仍擬同意之點，陳明如右。

附表一　美國援華租借法案物資統計表

由物資開始運華之日即 29 年 5 月 18 日起至 32 年 12 月
31 日止

物資分類	運往仰光噸數	運往印度噸數	運輸途中噸數	中途損失噸數	合計
兵工原料 銅鋅塊及火藥等物資	8,098.40	34,110.73	1,836.42	2,713.63	55,759.18
兵工器材 軍械彈藥及戰車等物資	1,292.89	73,911.63	7,976.95	861.64	88,443.11
通訊器材 無線電及銅鐵線等物資	532.76	4,988.02	701,02	303.95	5,861.64
交通器材 汽車汽車配件輪胎汽油等物資	31,631.00	53,412.47	5,434.51	1,814.54	92,292.52
藥品及醫療器材	105.52	2,336.90	32.59	151.09	2,626.10
空軍物資 飛機飛機另件空軍武器等物資	3,671.00	12,827.38	1,696.52	4,567.20	22,762.10
生產機器及煉油設備等	0.00	59.98	14.11	95.15	169.24
其他普通另星物資	1,081.08	2,013.44	220.41	0	3,314.93
總計	46,412.65	192,060.25	17,912.53	15,507.20	271,892.93

附表二　存印我國政府物資分類統計表

民國 32 年 12 月 31 日　單位：英噸

物資分類	美租案物資	美借款物資	英借款及英美印各地以現款購置物資	美租案及美借案無法分明之物資	合計
兵工原料 銅鋅塊火藥及金屬工具等物資	26,694.67	5,886.28	442.23	358.80	33,361.98
兵工器材 軍械彈藥及戰車等物資	52,486.12	0.01	0.00	43.46	52,529.59
通訊器材 無線電及銅鐵線等物資	2,333.44	409.32	411.05	320.52	3,474.33
交通器材 汽車汽車配件輪胎機油及鐵路配件等	31,785.26	594.12	585.97	569.94	33,535.29
空軍物資 機場設備及非與美軍合用之另件等	574.92	32.46	4.10	0.00	611.48
藥品及醫療器材	1,316.80	17.51	103.14	14.55	1,452.00
生產機器及煉油設備	69.96	395.45	1,464.53	90.96	2,020.90
紗布棉布及軍服等物資	0.00	0.00	4,581.00	0.00	4,581.00
普通另星物資	1,317.80	323.29	143.39	59.98	1,844.46
無法分類物資	0.00	0.00	3.67	0.00	3.67
總計	116,576.97	7,658.44	7,719.08	1,458.21	133,414.70

附表三　英美運印物資分類統計表

33 年 1 月至 4 月　單位：英噸

物資分類	美租案法案物資	美借款世界公司物資	美借款及其他現購物資	合計
兵工原料 銅鋅塊及火藥等物資	3,270.30	152.27	33.60	3,456.17
空軍物資 飛機飛機另件空軍武器等物資	1,729.44	20.03	15.64	1,765.11
其他普通另星物資	477.00	35.72	462.78	975.50
醫藥品及醫藥器材	1,028.42	5.19	13.64	1,047.25
生產機器及煉油設備等	412.27	437.54	215.01	1,064.82
兵工器材 軍械彈藥及戰車等物資	20,084.60	0.00	0.04	20,084.64
通訊器材 無線電機及銅鐵線等物資	1,170.55	48.36	225.72	1,444.63
交通器材 汽車汽車配件輪胎汽油等物資	8,954.21	89.88	53.39	9,097.48
總計	37,126.39	788.99	1,019.82	38,935.60

附表四　轉運西新省之鐵路及河道運量分配清表

33 年 6 月份　單位：噸

撥發單位或特種軍事計劃物資名稱	第一優先急待補充之軍品屬之	第二優先備供積儲之物資屬之	第三優先	合計
緬戰 X FORCES 部隊及遠征軍等需用軍品	11,634	1,857	2,727	16,200
我滇緬部隊 Y FORCES 補充兵品係由美軍機內運	700	1,444		2,144
三十師團即 Z FORCES 訓練所需軍品亦係美軍機空運	388			388
供我由中航機及美軍機特准內運之物資	1,563			1,563
駐印美空軍美軍包括十四航空隊所需補充之各項軍品	3,092	1,365	2,500	6,957
第十四航空隊所需之炸彈及空軍物資由 ATC 美軍機內運	2,826	3,102		5,928
列多築路工程需用物資	6,282	2,718		9,000
通信組需用六吋鋼管	365			365
加－狄鋪築油管需用之四吋鐵管	3,600			3,600
緬戰 X FORCES 以外其他美軍部隊需用軍品包括印度苦力及牲口等	24,840	5,606	1,989	32,435
總計	55,290	16,094	7,216	78,600

附註：
（一）表列轉運量 78,600 噸，較由英方實撥之美軍每日 2,365 噸，月合 71,000 噸之數，略有超出，據告係從寬估計。
（二）該 78,600 噸之撥運量內，另包括美軍自有汽車運量約 1,000 餘噸。

附表五 32 年份中航機內運物資分戶分類統計表

類別 / 機關名稱	軍火及材料	鈔券	交通通訊器材	醫藥用品	生產器材
兵工署	4,409,482		12,529		167,240
中央銀行		4,215,835	144,479		
航委會	286,909		237,623	10,313	37,788
交通司			985,485		17,702
交通部			1,642,850		5,594
軍需署					
軍醫署				515,600	
衛生署				381,711	
資委會			200,256	29,767	409,962
鹽務局					16,841
中國航空公司 中央航空公司			2,459		
其他	268		77,102	19,391	23,193
總計	4,696,659	4,215,835	3,302,781	956,782	678,320
折合美噸	2,348	2,109	1,647	478	338

類別 / 機關名稱	航空器材	油類	布匹	其他	合計
兵工署		61,628		150,996	4,801,875
中央銀行			66,585		4,426,897
航委會	485,763	280,193		215,537	1,544,126
交通司		585,051		9,483	1,597,721
交通部		110,738		84,020	1,843,202
軍需署			1,613,974	33,431	1,647,405
軍醫署					515,600
衛生署					381,711
資委會		45,476		182,241	867,702
鹽務局					16,841
中國航空公司 中央航空公司		723,216			729,675
其他		2,507,933		159,341	2,787,228
總計	485,763	4,318,235	1,680,559	825,049	21,159,983
折合美噸	243	2,161	840	412	10,576

附註：
本表統計數字係以英鎊為單位。
合計欄下之第二欄數字為磅化之美噸數。

附表六　33 年 1 月至 4 月份內運物資分戶分類統計表

機關名稱 ＼ 類別	軍火及材料	鈔券	交通通訊器材	醫藥用品	生產器材
兵工署	2,560,283				
航委會	104,402		22,709	254	3,832
中央銀行		1,637,131			
財政部				11,494	195,585
交通司			468,025		7,668
交通部			850,073		62,297
經濟部			59,973		182,751
中國航空公司中央航空公司			8,178		
軍醫署				334,258	
衛生署				241,632	
資委會					99,721
軍需署					
其他			4,701		
合計	2,610,682	1,637,131	1,425,158	576,144	551,845
折合噸	1,305	819	712	288	276

機關名稱 ＼ 類別	航空器材	油類	布匹	其他	合計
兵工署		22,497		27,880	2,556,660
航委會	84,903	119,614		14,604	350,318
中央銀行					1,437,940
財政部			11,340	170	417,780
交通司		465,227		2,583	943,503
交通部		28,035		34,722	1,015,127
經濟部				67,817	310,541
中國航空公司中央航空公司	2,816	955,777		3,546	970,317
軍醫署					334,258
衛生署					241,632
資委會		4,095			103,816
軍需署			458,586	22,004	480,590
其他		283,306		14,602	302,609
合計	87,719	1,878,551	469,926	227,928	9,465,091
折合噸	44	939	235	114	4,732

附註：

本表統計數字係以英磅為單位。

合計欄下之第二項數字為磅化之美噸位數字。

附表七　美借款及美租案史迪威及非史迪威物資分類統計表

迄至 32 年 12 月 31 日止

物資分類	美租借案物資		美借款物資	無法分類物資	合計	史迪威物資	百分率	非史迪威物資	百分率
	陸軍部撥發	國外經濟局撥發							
空軍物資	412	55	52		519			519	100.00%
化戰器材	473				473	473	100.00%		
工程器材	1,327	6,280	757	4,313	12,677	176	0.14%	12,501	99.86%
醫藥器材	1,307	380	135	89	1,913			1,912	100.00%
兵工器材原料	57,107	20,041	1,400	71	78,979	48,069	60.86%	30,910	39.14%
軍用卡車及戰車	20,482	644	184		21,310	20,030	93.99%	1,280	6.01%
通訊器材	2,124	162	391	4	2,681	1,573	59.42%	1,088	40.58%
軍需物資	240	5,655	906	68	6,869	233	3.39%	6,636	96.61%
總計	83,472	33,579	3,825	4,545	125,421	70,574	56.27%	54,847	43.73%
百分率	66.55%	26.77%	3.05%	3.63%	100.00%				

軍事委員會運輸會議物資內運優先管制會議第六十八會議紀錄

日期　民國 33 年 7 月 18 日上午 9 時

地點　運祕處會議廳

出席　項雄霄　　　　　　　潘光迥

　　　王景錄　　　　　　　楊繼曾

　　　吳兢清（汪竹一代）　何墨林（李振先代）

　　　楊柳風（孫振先代）　陳　璞

　　　盛祖鈞　　　　　　　李吉辰（高大經代）

　　　金士宣　　　　　　　汪英賓

　　　劉傳書　　　　　　　陳菊如

　　　蔣易均（李荃孫代）　郭泰禎（閻子素代）

　　　繆　通　　　　　　　徐允鰲

　　　沈克非（舒昌譽代）

列席　許詒勳　　　　　　　程威廉

　　　張鄂聯

主席　項雄霄

紀錄　徐允鰲

甲、宣讀上次會議紀錄

乙、報告事項

A. 主席報告

　　（一）據中航公司查告，宜賓站儲備汽油截至七月
　　　　　十日結存 9309 介侖。

（二）增強中印線空運力量案，奉交孔副院長致總長
　　　寒電內開：

    1. 增加運輸機，美總統已允，現正由軍部研究
　　　洽商中，惟主管者尚藉口為難，將來如望成
　　　議，必需國內之接運能力配合，方免藉口，
　　　此節請總長妥為籌辦。

    2. 利用宜賓空運站已告美當局，請總長就近
　　　再告駐渝美空軍，並請伊等贊成。

    3. 車輛及引擎請擇最急需之配件開單，就近
　　　商美軍部轉洽供給，一面告知孔副院長，
　　　以便交由供應委員會迅與商辦，雙方並進，
　　　可促早成。

B. 中航公司高主任報告

（一）本公司為使滿足各機關之要求，趁此氣候最佳
　　　季節，決於本日起儘量多開定宜段飛航次數，
　　　惟需申明，未經與任何方面另訂合約或約定每
　　　日飛航班次，總以能儘量多開為原則，至如回
　　　程機油量不敷補充，應請大會指示辦法。

（二）本月上半月運量，計定昆段六八〇噸六六公
　　　斤，定宜段六四噸五八公斤，兩共七四四噸
　　　一二四公斤，至本月情況如此好轉，即係大
　　　部份飛機不需修理之故，下月份能否保持同
　　　樣成績，尚難預料。

丙、 討論事項

請增空運力量必須將地面接轉力量予以加強配合案，附

併付討論文件，計開：

（一）孔副院長轉總長寒電（如主席報告事項（二））。

（二）總長與費利斯將軍在七月十二日中美會報時談話紀錄。

（三）公路總局龔副局長函請撥給空運噸位 200 噸專運存印卡車引擎輪胎配件機油等項撥交川滇東路局充實轉運力量案

運祕處擬議意見：

（一）請交通部及各機關詳細查告空運到昆物資接運及滯存情況，以便綜合研究具體解決辦法。

（二）請交通部先查明存印卡車引擎、配件、輪胎等廠牌數量及存儲地點，如在短期內有即可內運者，擬在八、九兩月間抽撥若干物資噸位，將該項運輸器材酌先運入一部份。

（三）如須洽電美方撥借車輛配件或請其協運時，應請交通部詳列需要品種清單，並備一具體改進計劃，以便憑此交涉。

兵工署楊司長發表意見：

（一）讓出之物資噸位，應以自運各該機關本月所有運輸工具為原則，即或借撥噸位運入者，則應將運用此項工具之結果告知各物資機關，而必須發生接運效能。

（二）交通部規定運輸計劃及運價似應劃一單純比例，如供油租車甚至配件、輪胎等等，必須依賴托運機關供給，殊使無法應付。

（三）油料之供應原歸液委會統制，而有一定限度之

分配，事實上亦無法向其任意要求，故在調整
運價時，關於燃料、配件似仍應由運輸機關負
擔為合理，寧可將運價提高，使托運機關在會
計方面易於核算。

（四）本署內運物資，自本年一月至六月底止，連同
中航機、美軍機所運兩共二千餘噸，國內接運
機關，大致械彈歸線原區運，原料歸路局運，
截至目前仍有百分之六十尚未疏運，因內中一
部份係美軍代運，故難免美方藉口，今後希望
對接運聯運能有一負責運輸辦法。

（五）接運物資之優先噸位似即可依照空運優先程序，
合而為一。

交通司王司長發表意見：

（一）運輸物資原有定計劃，現時所發生之種種問題
多因戰事之演變而起。

（二）租借案項下運輸工具之運入應有一定之比例，
除公用方面已有補充辦法外，對於軍車亦應設
法配備。

交通部金參事發表意見：

（一）中航機內運量月僅一千噸左右，美軍機現達一
萬噸以上，美方所指接運力量未能配合，似對
美軍物資而言，故在交涉時似可加以說明。

（二）運價問題之複雜，其原因大致有二：

1. 為限價政策所限，不能隨時照成本調整。

2. 中央不允補助，而運輸機關無能賠累，只能
採用供油租車等方法。

公路總局劉處長發表意見：

運價問題之複雜，實應受種種之限制及影響所致，至如付費與供油租車實際相同，蓋在不得已之情況下採此補救辦法。

公路總局汪祕書主任發表意見：

（一）國內接運力量之薄弱，不能達到任務之實際情況，似可實告美方。

（二）如欲地面運輸增強，須請美方撥出一部份空運噸位，專運車輛、配件，以便充實。

主席提示結束辦法：

（一）目前擔任空運物資接運主要機關，為西南公路局及川滇東路局，擬請後勤部、交通部分別查明在該線能行駛之軍公商及生建車究有若干。

（二）各物資機關查明自辦接運及向川東局或線區等托運情形。

（三）運輸責任問題，目前分有路局與線區兩部份，均係各托運機關憑藉本身之便利與否，自由選擇，致在工作上不無故陳，雖有聯合辦公之制度，據所得結果，並未真誠合作，今後川東線接運工作，勢更重要，似亦須請主管部份前往查察。

（四）配件輪胎問題，除西南局方面已由本處通知，應將現時所需要品種數量及今後增加運力補充所需者分別列單送處外，至軍事方面請交通司照此列送，以便併案核辦。

（五）川東局與線區承運物資，亦當規定優先程序及比例，因此必須將運輸工具有適當之配合，如

因短時間內補充有問題，則對緊急軍用物資仍
應儘力接運。

（六）車輛之補充自極重要

    1. 楊司長所提以每月物資運自有工具，原則上
可照辦。

    2. 王司長所提分配問題目前似難辦到，蓋首項
能解決西南、川東兩局接運工作之困難。

（七）運價問題倘目前只有供油租車一途，則在下次
調整時似可由主管機關再向國家總動員會提出。

丁、散會

軍事委員會運輸會議物資內運優先管制會議第六十九次會議紀錄

日期　民國 33 年 7 月 25 日上午 9 時

地點　運祕處會議廳

出席　錢大鈞　　　　　　　項雄霄

潘光迴　　　　　　　楊繼曾

王景錄（華壽嵩代）　吳競清

吳中林　　　　　　　何墨林（李振先代）

陳　璞（施震球代）　楊柳風（孫振先代）

盛祖鈞　　　　　　　繆　通

李吉辰（高大經代）　金士宣

汪英賓　　　　　　　沈克非

蔣易均　　　　　　　陳菊如

郭泰禎（閻子素代）　劉傳書（程威廉代）

徐允鰲

列席　舒昌譽　　　　　　　郭可詮

許詒勳

主席　錢大鈞

紀錄　徐允鰲

甲、宣讀上次會議紀錄

乙、報告事項

A. 主席報告

兵工署前請轉洽沈總代表交涉，由西區趕運尖頭鋼

盃案，頃得報告已洽美軍配運中。

B. 中航公司高主任報告

　　本月份截至廿三日為止，共運一一〇二噸 944 公斤，
　　內計定昆段九六四噸 776 公斤，定宜段一三八噸 168
　　公斤。

丙、 討論事項

（一）祕書處提議改訂八月份中航機內運噸位比率應
　　　如何決定案

決議：

以 1400 噸為總基數，並改訂比率如次：

1. 兵工材料　　　　36%　　504 噸

2. 鈔券　　　　　　14%　　196 噸

3. 軍用交通通訊　11%　　154 噸

　（應由交通司特別提出百分之一增運運輸器材）

4. 普通交通通訊　11%　　154 噸

　（應由交通部特別提出 1% 增運公路運輸器材之外，並
　　在其餘 10% 比率內仍大量撥供汽車配件油胎噸位）

5. 航空器材　　　　4%　　　56 噸

6. 軍用醫藥　　　6.5%　　91 噸

7. 軍師被服　　　4.5%　　63 噸

8. 民用醫藥　　　　2%　　　28 噸

9. 工業器材　　　3.5%　　47 噸

10. 客運飛機油　　5.5%　　77 噸

11. 鹽產器材等　　　2%　　　28 噸

附註：

其他一項暫停。

資委會蔣處長補充報告：

八月份基數雖又提高，但工業器材比率仍無若何增加，本會在印亦有運輸工具，請撥給超額噸位內運，並於以後調整時務請注意提高本會比率。

衛生署沈副署長補充報告：

民用醫藥多係向盟邦捐助，並迭經交涉以每月能空運四十噸為保證，現時八月份比率突然減低，既因情形特殊，自不擬爭持，惟如有超額，仍請補足四十噸，以利對外交涉。

（二）八月份中航機內運超額估計約可 150 噸以上，擬配如次：

　　1. 鈔券　　　30 噸

　　2. 工業器材　10 頓

　　3. 軍需被服　40 噸

　　4. 兵工材料　50 噸

　　5. 軍需醫藥　20 噸

　　6. 如再有超多噸位，悉撥公路總局汽車配件。

丁、散會

軍事委員會運輸會議物資內運優先管制會議第七十次會議紀錄

日期　民國 33 年 8 月 1 日上午 9 時

地點　運祕處會議廳

出席　項雄霄　潘光迥　　王景錄（許詒勳代）

　　　楊繼曾　吳競清　　何墨林（李振先代）

　　　楊柳風（孫振先代）　陳　璞（施震球代）

　　　李吉辰（高大經代）　汪英賓　劉傳書

　　　沈克非　蔣易均　　郭泰禎（閻子素代）

　　　陳菊如　繆　通　　徐允鰲　金士宣

列席　舒昌譽　許詒勳　　程威廉

主席　項雄霄

紀錄　徐允鰲

甲、宣讀上次會議紀錄

乙、報告事項

A. 主席報告

沈總代表報告英美運印物資統計數量及轉運、撥讓、撥發等情形，並建議事項各點，前經總長加具審核意見，呈奉委座批「如擬」等因，其內容要點為撥讓與撥發問題，大致與最近以前奉准答復美方之原則相同，除將原報告摘復沈總代表憑此處理外，特再印發各物資機關代表攜回參考，不另行文分送以節手續。

B. 中航公司高主任報告

　　七月份運量截至廿九日為止，共計一三九六噸四二
　　八公斤，內至昆明一二三七噸八〇九公斤，至宜賓
　　一五八噸六一九公斤。

丙、討論事項

（一）周區代表來電，為運宜中航油 50 噸在物資噸位
　　　　中扣算應遵辦惟油料須先運足物資則決難足額
　　　　因此無從調整八月份如何措置請核示案

決議：

1. 定宜貨運請中航公司即以八月份為標準，務使達成
　 300 噸之計劃。

2. 儲宜油料仍暫以 50 噸為限，在本月開始時，除上月
　 份結存數外，准優先補足後再運物資，屆時如確不
　 敷，再予補給。

3. 運宜物資在未達到標準運量前，仍照過去規定之三
　 種（兵工材料、鈔券、航空器材）為限，此外物資
　 視其成績如何再議。

（二）奉交航委會報告為奉飭洽請十四航空隊撥給噸
　　　　位事依據實際現狀及已往交涉經驗恐遭拒絕仍請
　　　　恢復上年六七月份比率增為百分之十五案

決議：

如八月份有超額，並此後基數有增，酌准補給或調整。

（三）航委會來函為請臨時加撥空運噸位四十噸內運
　　　投物傘以應急需案

決議：

准先趕運此項急需物品 40 噸，以後再有超額項下撥補。

（四）衛生署沈署長來函請於八月份超額噸位中至少
　　　增給民藥十二噸（補足四十噸）至於九月份仍
　　　按百分之三配給每月增至 50 噸案

決議：

1. 八月份如有超額酌准照辦。
2. 九月份噸位屆時再議。

丁、散會

軍事委員會運輸會議物資內運優先管制會議第七十一次會議紀錄

日期　民國 33 年 8 月 8 日上午 9 時

地點　運祕處會議廳

出席　錢大鈞　　　　　項雄霄

　　　潘光迥　　　　　王景錄

　　　楊繼曾　　　　　吳競清（汪竹一代）

　　　何墨林（李振先代）吳中林

　　　楊柳風（孫振先代）陳　璞

　　　盛祖鈞　　　　　李吉辰（高大經代）

　　　金士宣　　　　　汪英賓

　　　沈克非（舒昌譽代）劉傳書（程威廉代）

　　　蔣易均　　　　　郭泰禎（閻子素代）

　　　陳菊如　　　　　繆　通

　　　徐允鰲

列席　郭可詮　　　　　張鄂聯

　　　許詒勳　　　　　李廷弼

主席　錢大鈞

紀錄　徐允鰲

甲、宣讀上次會議紀錄

乙、報告事項

A. 主席報告

　一、據中航公司報告，本月一日淩晨四時另八分第

七十三號運輸機一架自昆明機場起飛後僅七分鐘即告失事焚毀，內載出口鎢砂卅六包，正、副飛機師及報務員共五名均斃命。

二、據周區代表報告七月份中航機內運物資共計一四八三噸，其能超出最大原因：

（1）為六月底待修機減少。

（2）加狄間輸油管不日告成，美軍對用油數量鬆放。

（3）中航公司駐定機航主任美員胡德調度有方，厥功甚偉。

三、在印機油劃分案，頃得西區代表抄告，有薩加D字箱記共僅 9463 桶又 1360 磅，估約一千六百噸，茲查公路總局報告，有油數內列有不明機關者約八千餘桶，經奉總長核准查明確數，併作三部後劃分，已電沈總代表轉飭照辦。

B. 中航公司高主任報告

一、七月份運量，照公司方面統計，共為一四九二噸九六八公斤。

二、本月份自一日至五日共運二七六噸二九二公斤。

三、宜賓線自二日以後至五日為止，每日仍維持五架。

主席提示：

宜賓線必須設法增強，充分利用。

丙、 討論事項

（一）周區代表來電建議中航公司宜賓儲備油似應維

　　　　持帶運辦法如為客機所需則應作客油噸位不在
　　　　物資噸位中扣算案

決議：

（1）宜賓站准保有五十噸，以備不時之需。

（2）此後仍恢復每機帶運辦法，作為經常補充之用。

（3）客機用油如必需以儲宜油料濟急時，須先報請
　　　核示。

（二）沈總代表來電報告經印驛運西北路局及新疆省
　　　府輪胎四千四百套據印政府函告車箱順利約九
　　　月下旬可到列城又據稱尚有馱馬多餘可運貨物
　　　一千五百件約七十噸如何利用請於電到三日內
　　　核示案

決議：

請沈總代表就地從權洽辦，交運貨物可以如下四種為
範圍：

（1）甘肅油礦局裝油布袋，

（2）軍需署布匹，

（3）交通司電線，

（4）交通部輪胎或配件，

至運費可請該公司代辦。

丁、散會

軍事委員會運輸會議物資內運優先管制會議第七十二次會議紀錄

日期　民國33年8月15日上午9時

地點　運祕處會議廳

出席　項雄霄　王景錄　　吳競清（汪竹一代）

　　　楊繼曾　吳中林　　何墨林（李振先代）

　　　楊柳風（孫振先代）　盛祖鈞　陳　璞

　　　金士宣　汪英賓　　李吉辰（高大經代）

　　　沈克非（舒昌譽代）　劉傳書（程威廉代）

　　　蔣易均　郭泰禎（閻子素代）　陳菊如

列席　許詒勳　張鄂聯

主席　項雄霄

紀錄　徐允鰲

甲、宣讀上次會議紀錄

乙、報告事項

A. 主席報告

一、據中航公司補報七月九日74號機由定飛昆途中，因機件發生障礙，將所載軍需署制服五十包拋棄，大約在楚雄附近。

二、據周區代表來電，美軍在中航機多運十四隊汽油七十一美噸，允可撥返，但要求立即交運，除運航委會機件卅噸外，並添配機油四十一噸，請於到昆後分配，至騰出中航噸位七十一美噸擬配物資請核示等情，除復可悉增運兵工器材外，

　　至美機所運機油已另奉核配，並通知交通司及
　　公路總局在案。

B. 中航公司高主任報告

　　本月份截止十二日運量共為 626 噸 783 公斤，內計定
　　昆線 556 噸 428 公斤，定宜線 70 噸 355 公斤。

丙、討論事項

（一）祕書處提議八月份中航超額擬暫預定 250 噸，
　　　並擬增配各項如次：

　　　1. 兵工器材　　　100 噸

　　　　（已准增運之七十一美噸應扣還）

　　　2. 交通運輸器材　40 噸（軍公各半）

　　　3. 航空器材　　　40 噸（包括特種降落傘噸位）

　　　4. 軍需被服　　　30 噸

　　　5. 軍用醫藥　　　20 噸

　　　6. 民用醫藥　　　10 噸

　　　7. 工業器材　　　10 頓

註　如不能到達預定超額，則隨視內運情況比率減少。

決議：

通過。

（二）沈總代表來電英方前在仰光撥借我租借法案車輛
　　　軍械及器材之交涉撥還案，英方答復除一部份因
　　　無現存請暫緩外其餘均可在印撥還至內中急需者
　　　計（一）雪佛蘭卡車 630 輛（本年底交貨）（二）
　　　英製 ¾ 噸小型卡車二六〇輛（原借係奇普車擬以
　　　此作抵）（三）輪胎 1000 套（如有標準尺碼即

可撥運）除此三項外尚有其他各項如附表擬具
接收處理辦法三項請核示案

決議：

一、抄表分送國防供應公司辦事處及物主機關核對並
　　簽註意見，但請注意撥還物資之希望內運時間及
　　內運方法。

二、根據上項答復再由運祕處複核彙表，復請沈總代
　　表洽辦。

（三）兵工署楊司長提議關於接運問題現雖成立督運
　　　委員會主其事但對川滇東路之接運工作似應通
　　　盤籌劃促進運力案

主席提示：

物資需要運輸量應與實際運力求得配合，如感不足，則
應統籌計劃並規定優先程序，不能專顧局部之需要，現
為對此問題切實研討，以便推動起見，首須要求各機關
供給以下材料：

一、空運到昆物資，除去留昆或其附近使用者外，其
　　需由昆運瀘數量每月若干。

二、目前積存昆曲及霑益等地必需運瀘之物資究有若干。

三、昆明至霑益鐵路貨運量如何。

四、霑益至瀘州公路貨運量如何（即川滇東路所有軍公
　　商及自備車輛數目若干）。

以上各點由運祕處分函交通部、後勤部及有關物資機關
查明列表見復，再憑研討。

丁、散會

軍事委員會運輸會議物資內運優先管制會議第七十三次會議紀錄

日期　民國 33 年 8 月 22 日上午 9 時

地點　運祕處會議廳

出席　項雄霄　　　　　　潘光迴

　　　王景錄　　　　　　楊繼曾

　　　吳競清　　　　　　何墨林（李振先代）

　　　盛祖鈞　　　　　　吳中林（陳雲僑代）

　　　楊柳風（孫振先代）李吉辰（高大經代）

　　　金士宣　　　　　　汪英賓

　　　沈克非　　　　　　劉傳書

　　　蔣易均　　　　　　陳菊如

　　　郭泰禎（閻子素代）徐允鰲

列席　舒昌譽　　　　　　程威廉

　　　許詒勳　　　　　　張鄂聯

主席　項雄霄

紀錄　徐允鰲

甲、宣讀上次會議紀錄

乙、報告事項

A. 主席報告

　　據周區代表文元兩日先後電告，美機運量大增，各機場為競爭成績，紛紛索貨，致運送卡車因而不敷分配，十一日空運統制局詢問如有急貨代運，限兩

日內交到，當以多數物資距機場較遠，無車輸送，而就近趕運，計經配運交通部鋼線壹百噸、中央鈔券貳百噸，當經運祕處核復：（一）此次填空運物資照辦，（二）此後遇有類似情形，為時間所限者，准由周區代表從權洽辦，事後報備，但最好多運子彈及兵工材器材，其次公路運輸器材及軍需品，再次交通通訊、航空器材等。

同時應請各機關注意，美軍機缺貨今後續有可能，我為便於利用此項噸位計，請各機關通知各該駐印人員洽運一部份物資預存美軍機場，以便屆時立可裝運。

楊司長意見：

利用美軍機缺貨噸位，可否洽請美方即在狄不魯加機場起運。

主席答復：

此事恐難辦到。

B. 中航公司高主任報告

一、本月份運量截至二十日止，共運一〇三〇噸三九六公斤，內計定昆線八三五噸九七二公斤，定宜線一九四噸四二四公斤。

二、本月份上半月飛宜貨機每日僅二、三架，十五日以後則增至七、八架，全月平均數每日能維持五架為原則。

C. 潘參事報告

聞美方正在計劃準備由滇緬公路運入物資之優先程序，查我方存印物資不乏急待內運之件，尤其是運

輸部份，現散存印境各地或被盟方撥借移用之數究
有若干，似應請沈總代表詳細調查，編配程序，以
便適時內運，再如此路全部暢通時，我方究欲如何
運用，亦應及早計劃，擬具方案，先期提向美方商
談，以免日後又成問題，難於應付。

D. 汪主任報告

美方有將中印公路由列多至昆明全線運輸由其舉辦
之說，並聞運量極龐大，如果成為事實而不將國內
運力通盤計劃，則將來在接運上更成嚴重問題，故
於研討此項策略時應從國內運輸路終點做起。

主席提示：

此事擬請潘參事書面提供意見，以便參酌商討呈核。

丙、 討論事項

一、運祕處提議，九月份中航機內運噸位擬以壹千伍
　　佰噸為基數，並調整比例如次：

　　1. 兵工器材　　　　35%　　　　　525 噸

　　2. 鈔券　　　　　　13.5%　　　202 ½ 噸

　　3. 軍用交通通信　　11%　　　　　165 噸

　　　（請交通司至少以其三分之一噸位運軍用運輸
　　　器材）

　　4. 普通交通通信　　11%　　　　　165 噸

　　　（請交通部仍以半數噸位配運公路運輸器材）

　　5. 航空器材　　　　4%　　　　　　60 噸

　　6. 軍用醫藥　　　　6.5%　　　　97 ½ 噸

　　7. 民用醫藥　　　　3%　　　　　　45 噸

8. 軍需被服　　4.5%　　67 ½ 噸

9. 工業器材　　4%　　60 噸

10. 客運飛機油　5%　　75 噸

（基數如遇折減，仍准運足此數為原則）

11. 鹽產器材等　2%　　30 噸

12. 其他　　　5%　　7 ½ 噸

註：其他項下 7½ 噸位配運物資如次：

甘肅油礦局汽油精　　　　兩噸

廣播處廣播器材　　　　　壹噸

軍委會政治部器材　　　　兩噸

教育部教育器材　　　　　壹噸

英大使館新聞處公物　　　半噸

中央通訊社電信器材　　　半噸

軍委會調查統計局器材　　半噸

決議：

通過。

兵工署楊署長補充報告：

本署各工廠頃奉委座令須加雙工，是以照目前內運器材勢必不敷甚鉅，除空運部份在九月份暫擬不要求增加，保留在必要時再行請求外，而對積存昆明者，則應請川滇東路局從速設法趕運，以便儘先補充利用。

主席提示：

（一）九月份兵工器材空運噸位照決定比率實施，此後如有增給必要，再調整。

（二）川滇東路運力亟應加強，除請交通部照上次決定各點中，將鐵路公路運力詳為查告外，並請

王司長將該線軍車運力查告，以便通盤計劃。

（三）上次決定關於此事（一）（二）兩項，應請各物
　　　資機關從速查復。

（四）電知龔主任委員注意此事。

二、資源委員會蔣處長提議本會存印卡車六十輛中已
　　有廿餘輛將引擎拆卸約重十五噸左右並已運往狄
　　卜魯加擬請於元月份超額噸位支配運入以資補充
　　公路運力案

主席答復：

可設法配運。

丁、散會

軍事委員會運輸會議物資內運優先管制會議第七十四次會議紀錄

日期　民國 33 年 9 月 5 日上午 9 時

地點　運祕處會議廳

出席　項雄霄　　　　　　　王景錄（許詒勳代）

　　　陳長桐　　　　　　　楊繼曾

　　　楊柳風（孫振先代）　盛祖鈞

　　　李吉辰（高大經代）　汪英賓

　　　沈克非　　　　　　　劉傳書（程威廉代）

　　　郭泰禎（閻子素代）　蔣易均

　　　陳菊如　　　　　　　繆　通

　　　徐允鰲

列席　舒昌譽

主席　項雄霄

紀錄　徐允鰲

甲、宣讀上次會議紀錄

乙、報告事項

中航公司高主任報告：

（一）八月份運量共為一五七九噸八一一公斤，計定昆線一二六六噸五七二公斤，定宜線三一三噸二三七公斤。

（二）本公司上月份由租借法案項下撥到運輸機兩架，現共有二十七架。

丙、討論事項

（一）沈總代表未艷電報告美國租借法案物資局駐華
　　　軍事代表高特上校最近由美抵印經與晤談據云
　　　為計儀將存印租案史迪威物資全部收歸作美軍
　　　所有各節應如何預籌對策案

決議：

將原電印送軍政部之各主要署司及交通部等各機關核復
意見，再由本處彙案簽候總長核交主管部份準備提商。

（二）FEA 喬納先生建議以存印機油漸少急需申請照
　　　單共列 3312 噸其油號及數量是否適合案

決議：

仍由各主要用油機關研究答復，彙請陳主任辦理申請
手續。

（三）兵工署提議奉令加發工趕造械彈請增空運材料案

　　　1. 九月份中航超額請掃數撥運兵工材料。

　　　2. 十月份中航比率請增為百分之五十。

　　　3. 空運抵昆材料請速設法運瀘。

決議：

1.2. 兩項保留至下半月再議，當儘可能設法調整。3. 項請
公路總局汪主任負責研究川滇東路接運能力具體辦法。

丁、散會

軍事委員會運輸會議物資內運優先管制會議第七十五次會議紀錄

日期　民國 33 年 9 月 12 日下午 3 時

地點　運祕處會議廳

出席　項雄霄　　　　　　　潘光迴

　　　王景錄（華壽嵩代）　楊繼曾

　　　吳中林　　　　　　　楊柳風（孫振先代）

　　　陳　璞　　　　　　　高大經

　　　金士宣　　　　　　　汪英賓

　　　沈克非　　　　　　　劉傳書

　　　郭泰禎（閻子素代）　蔣易均

　　　陳菊如　　　　　　　盛祖鈞

　　　繆　通

列席　郭可詮　　　　　　　程威廉

主席　項雄霄

紀錄　徐允鰲

甲、 宣讀上次會議紀錄

乙、 報告事項

A. 祕書處報告

　　（一）上次會議討論事項第二案，關於 FEA 喬納先生建議申請 1945 年度機油案，經已彙集各機關需要意見轉送陳主任長桐洽辦，並說明兵工署已在整個申請案中列入航委會，應逕行辦理。

（二）據中航公司報告，八月卅一日第97號運輸機
一架，內載豬鬃廿六大箱，自宜賓飛往定疆途
中，因機件發生障礙，在胡康河谷附近失事。

B. 中航公司高主任報告

（一）本月一日至十日內運量共計五六○噸四○三
公斤。

（二）租借法案運輸機最近又撥到兩架，現共有廿
九架。

（三）據宜賓站電稱，宜賓招商分局裝卸工人因故
離去者甚多，現僅十五人，因此最近出口貨
物裝機手續略為滯緩，聞美軍方面對此已電
請駐渝經濟局代表轉知招商總局從速改善。

丙、 討論事項

奉交史迪威將軍九月七日備忘錄向我方提商擬將租案項
下史迪威物資與美軍存貨會合辦理請予贊同並要求指示
擬與總長或一軍委會代表直接商議執行案

決議：

根據以往存印物資美軍代管及撥用情形及迭經商得我方
同意並奉委座核准之原則，美方現又提出此議，意在欲
使澈底實行，俾今後對於「史迪威物資」與「非史迪威
物資」兩不混淆，故仍可表示接受，但於洽商時應注意
如下各點：

一、所謂史迪威計劃負責裝備之部隊，據我方所知：

（1）Y（滇緬遠征軍），

（2）X（駐印遠征軍），

（3）Z（新三十個師），

（4）O（美駐印華軍隊），

四類，其來函所稱此項政策擴展至其餘部隊一節，
應請美方明確規定。

二、「史迪威物資」大部份為械彈成品及交通通信器
材，「非史迪威物資」多屬原料部份，在劃分以
後，我方所需成品如向美國申請既極不易，勢必
仍賴以史迪威部份撥給，應請美方詳明規定。

三、除械彈成品、交通通信器材以外，非史迪威範圍
內需要以「史迪威物資」補給時，亦能撥照美方移
用我「非史迪威物資」之例商撥，總以能相互適應
需求為原則。

除以上各點之外，美方要求此事擬請總長或一軍委會之
代表直接商議及執行一節，可併呈總長核派。

丁、散會

軍事委員會運輸會議物資內運優先管制會議第七十六次會議紀錄

日期　民國 33 年 9 月 19 日下午 3 時

地點　運祕處會議廳

出席　錢大均　項雄霄　　王景錄（許詒勳代）

　　　楊繼曾　吳競清　　何墨林（李振先代）

　　　楊柳風（孫振先代）　陳　璞　盛祖鈞

　　　高大經　金士宣　　汪英賓　沈克非

　　　劉傳書（程威廉代）　郭泰禎（閻子素代）

　　　蔣易均　陳菊如　　繆　通　徐允鰲　潘光迴

主席　錢大鈞

紀錄　徐允鰲

甲、宣讀上次會議紀錄

乙、報告事項

A. 祕書處報告

（一）上次討論事項，關於史迪威將軍提商將美租案項下史迪威物資與美軍存貨合併辦理案，經照決議各點簽奉總長批示如擬，先簽呈委座核示，並應再加注意點一項如左「關於史迪威物資之配發，除經指定受史將軍直接指揮之我國部隊，如現在之駐印軍可由史將軍將美械運發外，至其他原史迪威物資裝備計劃下之各中國部隊，其美械之配發仍應由美方交我軍政部接收轉發，以

符系統，又各該部隊應裝備之美械數量及其先後緩急，應由中美雙方商洽辦理」，至美方要求須與我方軍事代表商議一節，同時奉總長核定，以此事大部份屬於陸軍方面，可派俞署長大維及陳主任長桐負責接洽，如有關空運部份，再會同周主任至柔與商，併請委座核示運辦。

（二）接魏大使致總長九月真電略謂，美國對外經濟局在華盛頓方面提出關於租借法案申請手續及主權問題之兩項要求：

（1）我向該局申請之租借案物資，必須先經該局駐渝代表初核。

（2）援照史迪威物資例，此後由美運印物資改歸該局駐印代表處接收。

經與交涉：（1）項根據過去規定，該局駐渝代表僅負解釋說明之責，無核實之權，美方初甚堅持力爭，結果漸趨同意，並洽定該局駐渝代表改稱聯絡員名義，今後申請案件在美京提出。

（2）項雖亦與再三磋商，但該局表示此係國務院之政策，允為轉請重行考慮，至新定辦法定於十月一日起實行，此後情形再續告云云。

（三）九月份中航機超額約可250噸，業經奉准核配並急電駐印代表處照辦在案，支配之噸位如次：

1. 兵工原料　　　　130噸
2. 軍需被服　　　　40噸
3. 航空器材　　　　30噸
4. 公路運輸器材　　20噸（軍公各半）

5. 工業器材　　　　20 噸

（資委會引擎即在此項噸位內分配）

6. 鹽局鋼繩　　　　10 噸

B. 中航公司高主任報告

（一）本月運量截至十七日共運 998 噸九二四公斤。

（二）本月十五日第 88 號運輸機由丁江飛昆明中途
　　　發生障礙，飛機師為使安全降落計，經將內載
　　　軍服 30 包拋棄，共約 2005 公斤。

C. 交通部李幫辦報告

此次奉命赴宜賓機場視察概況：

（一）宜賓機場原有跑道僅長一、一〇〇米，但現擬
　　　增加之機為 C-46 式，故必須有一、六〇〇米之
　　　長度始敷運用。

（二）原跑道頂頭低窪，似不易擴展，但在該機場可
　　　另築一條，並可能築至一、八〇〇米。

（三）至工程方面估計，如擴展原跑道反慢，另築跑
　　　道則較進速。

（四）離瀘州約四公里之納溪悉為平地，極適合修建
　　　機場，但該處多為良田。

（五）同時往昭通視察，因該處水陸接轉困難，不合
　　　經濟要求。

（六）宜賓機場如能充分擴展，以 C-46 機卅架，每
　　　機載重四噸半，每機每月飛行廿一次計算，則
　　　每月運量可三千噸。

D. 兵工署楊司長報告

頃接督運會龔兼主任來電，略以本署請川滇東路加緊

疏散存昆材料問題，因該路現時：（一）運力單薄，
（二）運費無法周轉，（三）公商車多數調筑服務，是
須要求本署每月撥出空運噸位為川東路內運：（一）
引擎 190 套，（二）機油 100 噸，（三）輪胎 2000 套，
（四）配件 50 噸（以上各項共約貳百餘噸），以便
充實運力云云，本署方面意見如此項要求屆時確能
發生效率，當願犧牲若干空運噸位代為解決，但應
首先查明川東路局對所需引擎油胎等項之來源及數
量是否有確實把握，以免屆時發生問題。

主席指示：

請交通部查明該項引擎等項有無著落，告知本處再核撥
噸位。

丙、 討論事項

（一）祕書處提十月份中航機內運噸位內擬仍於九月份
基數及比率辦理但超額噸位暫先指定以貳百噸配
運兵工材料如再有超過可能當再核配案

決議：

通過。

（二）中航公司為昆宜兩機場業務所需請由印內運奇潑
車及奇潑拖車各一輛並懇准在九月份運入應用案

決議：

准在九月份超額項下優先搭配運入，電周區代表照辦。

丁、散會

軍事委員會運輸會議物資內運優先管制會議第七十七次會議紀錄

日期　民國33年9月26日下午3時

地點　運祕處會議廳

出席　項雄霄　潘光迴　　王景錄　楊繼曾

　　　吳競清　吳中林　　楊柳風（孫振先代）

　　　高大經　金士宣　　汪英賓　沈克非

　　　劉傳書　蔣易均　　郭泰禎（閻子素代）

　　　陳菊如　徐允鰲　　盛祖鈞

列席　許紹勳　舒昌譽

主席　項雄霄

紀錄　徐允鰲

甲、宣讀上次會議紀錄

乙、報告事項

（一）祕書處報告

　　　沈總代表九月六日上總長報告一件，其內容為現時存印及由美運印之租借法案項下非史迪威物資為數無多，以四月底止統計，存數共僅六萬貳千餘噸，顧慮將來空運量增加或陸路打通時有不敷配運之虞，請飭有關機關迅即申請補充，並確定申請辦法等由，茲再將所列存資情形及其建議事項摘要報告如次：

（A）存資情形

1. 兵工原料現存四萬餘噸，幾佔全部百分之六十，但因不能全部作為陸空運量之用，雖多亦無補於事，似應擇其缺乏者再請補充，多者則暫停申請，以資調整。

2. 交通器材雖存有一萬餘噸，但其中有五千餘噸為前滇緬鐵路局之鐵軌等笨重物資，似非國內所急需者，一時不及內運，至急待補充之汽車配件及修車設備等項已感缺乏。

3. 空運物資雖亦存有二千六百餘噸，但其中壹千四百餘噸係屬武器彈藥，依照最近與美空軍訂定合約，亦應移轉美軍集中利用，並由美軍機內運，故實際可供配運者亦只一千二百餘噸，而其中大部份屬於笨重機件，似非國內急需之件。

4. 通訊器材存一千八百餘噸，此為史將軍撥發我遠征軍最多之物資，故事實上已成缺貨之嚴重情形，尤以銅鐵線等為甚。

5. 醫藥物品計存一千餘噸，但其中六百餘噸均為紗布，似非國內所急需者，又其中一百卅餘噸防瘧藥品已為史將軍留備我遠征軍應用，故實際可供內運者已所有無多。

綜觀以上存資情形，除兵工原料因存有相當數量，似可暫緩申請外，其餘物資似應由各機關詳細計劃再請補充之必要，至最近到貨自四月份至八月十五日止，雖史迪威物資共運到壹

千陸百餘噸，現在美印途中者九百餘噸，兩共
貳仟五百餘噸，平均每月運到僅約 500 餘噸，
但此中仍以兵工原料為最多，約佔全量百分之
卅，至如目前最感缺乏之通訊器材及藥品，反
運來甚少。又悉現在美方核准我申請補充之物
資（似指 1945 年度經常申請案而言），除卡
車五千輛不計重量外，其他各項估約一萬五千
噸，聞華府已定於本年十、十一、十二月及明
年上半年九個月之內分批運印，平均每月約一
千五百餘噸，以此備供陸路開通後之運量，勢
必不敷甚遠。

（B）建議事項

1. 請通知各機關注意。

2. 關於嗣後美案物資之申請事宜，迅即核定
   整個申請計劃，定期召開會議審查決定。

3. 再請美軍當局儘量減少撥用我存印非史迪威
   物資。

4. 轉請供應會商洽華府關係方面注意我印境
   存資情形，對於已感缺乏之物資迅即撥給
   運印，以資補充。

（C）本處對此核擬意見

除建議第（3）項根據史迪威將軍向我提商「史
迪威物資」併入美資案中亦曾注意此點，一俟
委座批下即可提向美方商決外，至（2）（4）
兩項似即與最近向美代表提商之方案有關，但
未明瞭若何結果，又據請核定嗣後申請整個辦

　　　　法，及對已感缺乏物資迅請美方撥給運印補充
　　　　各節，擬即移送國際物資組辦理，各機關如有
　　　　提商方案，可逕洽該組彙核。

主席提示：

一、租借物資申請案雖有年度之限制，但以往對零星
　　之補充仍可隨時提出，即最近以機油為例，又在
　　辦理申請。

二、本案當再書面通知各機關，請分別注意核擬方案
　　洽交本會國際物資組（即原國防供應公司駐渝辦事
　　處）彙核審查，並辦理申請手續。

（二）中航公司高主任報告

　　　　本月份運量截至廿四日止，共運一五五二噸 557
　　　　公斤（內計到達昆明一三三七噸四三八公斤，到
　　　　達宜賓二一三噸〇九一公斤，到達重慶（鈔券）
　　　　二噸〇二八公斤）。

丙、討論事項

液委會請自十月份起每月在中航機超額噸位內撥運汽油
貳拾噸交本會接收備用案

決議：

至十月份討論超額噸位時再酌辦。

丁、散會

軍事委員會運輸會議物資內運優先管制會議第七十八次會議紀錄

日期　民國 33 年 10 月 3 日下午 3 時

地點　運祕處會議廳

出席　項雄霄　　　　　　潘光迴

　　　陳長桐　　　　　　華壽嵩

　　　楊繼曾（周其棠代）　吳競清

　　　陳　璞　　　　　　何墨林（李振先代）

　　　楊柳風（孫振先代）　高大經

　　　汪英賓　　　　　　沈克非

　　　陳菊如　　　　　　蔣易均（李荃孫代）

　　　郭泰禎（閻子素代）

列席　舒昌譽　　　　　　許詒勳

主席　項雄霄

紀錄　徐允鰲

甲、宣讀上次會議紀錄

乙、報告事項

（一）祕書處報告

前准交通司來函，以現存狄卜魯加交通通信器材為數無多，空運量逐有增加，恐有斷絕之虞，囑請總代表處速即實行核定之印境運輸物質優先管制辦法，並增給交通司噸位一案，茲經電准總代表處復稱，目前美軍部逐月撥供我方由

喀、加兩埠之東運物資噸位尚屬寬裕，經已電
請交通司鄭代表將該司存資儘量配運矣等由，
除以書面通知交通司外，特提出報告。

（二）中航公司高主任報告

九月份內運物資共計二〇三三噸五七〇公斤，內
計定昆線一七三一噸九二三公斤，定昆線二九九
噸六一九公斤，定渝線二噸〇二八公斤。

（三）祕書處補充報告

九月份中航機基數原定 1500 噸，後加超額 250
噸，至超過 1750 噸之噸位曾奉總長核定悉數增
運兵工彈藥在案。

丙、 主席提示

中航機軍運成績優良以經常少數之飛機能達成如許運量
當係該公司各部門負責人員及飛機師的努力所致擬請
總長轉呈委座核獎以示鼓勵可否敬請公決案

決議：

通過。

丁、散會

軍事委員會運輸會議國際物資組
關於在華美軍由各機關供應或價讓
需用物品計價問題會議

日期　民國 33 年 10 月 13 日上午 10 時

地點　牛角沱四號

　　　（Settlement of Purchases of the U. S. Army in China）

出席　美軍部 U. S. Army

　　　　Col. Vaughan

　　　　Col. Murphy

　　　　Captain W. C. Donaldson

　　　F. E. A.

　　　　Mr. R. J. Monical

　　　運輸會議國際物資組 International Supply Dept.

　　　　陳長桐 Mr. R. C. Chen

　　　　Mr. Martin Wong

　　　軍政部交通司 B. O. C. Ministry of War

　　　　華壽嵩 Gen. Z. S. Hua

　　　公路總局 Ministry of Communication

　　　　王世圻 Mr. William S. C. Wang

　　　液體燃料管理委員會 Liquid Fuel Commission

　　　　陸費鍫 Mr. F. C. Lu

　　　工礦調整處 IMAA

　　　　康泰洪 Mr. T. H. Kang

　　　　張鄂聯 Mr. N. L. Chang

資源委員會 N. R. C.

李荃孫 Mr. T. S. Li

主席　陳長桐

Summary of Discussions

Mr. R. C. Chen: Introduces the representatives of each organization and explains the purpose of the meeting, i. e. to discuss the settlement of purchases made locally by the U. S. Army.

Col. Vaughan: Purchases by the U. S. Army in China are limited to such materials that are not procurable by themselves, especially alcohol used as motor fuel.

Col. Murphy: It is desired to arrive at some basic formula which would comprise all the elements included in the total cost, such as: cost of raw materials and labour, transportation costs. A reasonable profit, and taxes, if any.

Capt. Donaldson: Very often lend-lease materials are used as parts in the manufacture of goods to be purchased by the U. S. Government and these lend-lease materials should not be paid in cash. This basic principle should be recognized by all of us.

Col. Vaughan: How are the prices for lend-lease goods fixed when they are allotted to N. R. C. factories?

Mr. Li: The factories are bot charged; although records are kept. In fixing the selling price of a finished article, an arbitrary cost of the Lend-Lease goods is included, so as to conform with the best practice in cost accounting.

Mr. R. C. Chen: The principle of not charging for any lend-lease materials when supplied to the U. S. Government is sound; other legitimate charges may be made as they represent actual cash outlay.

Mr. Wm Wang: The N. A. S. C. supplies finished products and the cost is calculated on an arbitrary formula: US$ cost x 80 + US$ cost x A.

A – 40 for Kunming, 100 for Kweiyong, and 140 for Chungking. The first amount represents the value of the article in CN$ with due account to the rate of exchange of the US$, freight from the States to Kunming, insurance, losses. The second amount represents the transportation charges in and from Kunming, and the overhead charges (storing, bookkeeping, handling, etc.) This formula is based on the VALUE of the goods and not on the weight which is the factor to be considered for freight, but notwithstanding this disadvantage, it is fair on the average and simple to calculate. For supplies to U. S. Govt. the first amount (80 times cost in US$) is not charged but merely presented for memorandum record purposes. In practices, even the second amount is not collected but merely billed.

Col. Vaughan: This formula may be quite practicable with NASC; but for other purchases where manufacturing is required, it may not be applicable.

Mr. Chen: Would the U. S. Government consider payment in U. S. $ for local purchases; as it may help solve the complicated exchange difficultly?

Col. Vaughan: The U. S. Army is not empowered to make any payments in other than Chinese National Currency for purchases in China.

Gen. Hua: The ROC, and in general, the Ministry of War, only diverts or issues lend-lease goods in China to the U. S. Army; but in such cases, only records are kept, no charges whatsoever are being made.

Col. Vaughan: Price control is necessary to curb any profiteering which should not be tolerated in time of war. Often the profiteering is done by the selling agents who act as go-betweens between the U. S. Army and the manufacturer. Hence we usually would negotiate directly with the manufacturers.

Mr. Kang: Would a centralized Government agency to deal with U. S. Army purchases be useful?

Col. Vaughan: Not likely. Because purchases of the U. S. Army are to meet urgent needs and such an agency would only be useful for long range planning.

MR. Li: The U. S. Army may approach the N. R. C. for any purchases that may be passed to government factories under the control of N. R. C. in order to check prices, to speed up delivery, etc.

Capt. Donaldson: Such Contacts are useful. The U. S. Army may be in a position to help certain manufacturers whose factories are not fully engaged by placing orders with them, and such manufacturers may be designated by government agencies.

Col. Murphy: The greater part of U. S. Army purchases is composed of liquid fuel, i. e. alcohol, which is produced entirely from local materials without any lend-lease goods. The situation in such that prepayment is sometimes necessary in order to offset the constant increase in prices. But 40% of the cost is paid as taxes enforced by the Government. This item of taxes should be seriously considered in fixing prices of goods wholly produced in China and sold to the U. S. Army.

Mr. Lu: The Price of alcohol is determined each month by the actual cost of raw materials and labour involved with a very small margin of profit allowed, (often less than 5%). We would appreciate periodical reviews of the price situation of alcohol between the U. S. Army and the Liquid Fuel Control in Chungking. The tax is now $21 per gallon of alcohol and is paid to the Ministry of Finance. There are in addition some indirect taxes on the raw materials used. Formerly these taxes were waived for purchases by the Chinese Army but now they have to be paid also. This matter can only be decided by the Ministry of Finance.

Conclusion of the Meeting

(1) No general formula could ne evolved which would be applicable to all local purchases by the U. S. Army as each agency has its own peculiar problem.

(2) The principle of deducting the cost of raw materials supplied through Lend-Lease in the manufacture of articles for the U. S. Govt. is agreed upon by all.

(3) For Government controlled industries under the N. R. C., any purchase by the U. S. Army may be referred to the NRC, either for arranging a fair price or for speeding up delivery.

(4) For purchases from private factories, any dispute in price can be referred to the IMAA for adjustment. There are however ceiling prices for manufacturers in the Chungking area and the IMAA is fully empowered to see that prices do not exceed the ceiling limit.

(5) The formula are used for calculating ceiling prices of automotive spare parts will be continued to be applied by the NASC.

(6) The problem of waiving taxes in arriving at the cost of alcohol bought by the U. S. Army should be referred to the Ministry of Finance.

(7) The possibility of payment in U. S. Dollars for purchases by U. S. Army in China may be further explored.

討論結果（中文）

1. 凡美軍部需購置器材，其中有租借法案物資為製造之原料者，則此項原料應暫記帳，不計入售價內。

2. 美軍部嗣後需購器材，仍直接與各工廠接洽，如價格上有異議時，凡屬資源委員會之工廠，可向資源委員會交涉，凡屬民營工廠，可向工礦調整處交涉，俾可核定合理之價格。

3. 液體燃料價格主要問題為稅款，另與財政部洽商。

4. 各廠如需美金付值，俾作在美現款購料之用，亦可
   與美軍部洽商，惟此項辦法俟先商得財政部同意後
   再行通知。
5. 汽車零件仍按配件總庫現行計價辦法辦理（按該庫
   供應美軍部汽車零件僅收運雜費，貨價記帳）。
以上各點經主席聲明送交各有關機關同意後，再行答復
美軍部。

軍事委員會運輸會議物資內運優先管制會議第七十九次會議紀錄

日期　民國 33 年 10 月 17 日下午 3 時

地點　祕書處會議廳

出席　項雄霄　潘光迥　　王景錄　楊繼曾

　　　吳競清　陳　璞　　何墨林（李振先代）

　　　楊柳風（孫振先代）　高大經　金士宣

　　　汪英賓　沈克非　　劉傳書（程威廉代）

　　　蔣易均（李荃孫代）　郭泰禎（閻子素代）

　　　陳菊如　繆　通

列席　汪竹一　許詒勳　　舒昌譽

主席　項雄霄

紀錄　徐允鰲

甲、宣讀上次會議紀錄

乙、報告事項

（一）中航公司高主任報告

　　1. 本月運量截至十五日止共計一一五七噸。

　　2. 本月六日有 101 號運輸機壹架自定江飛宜賓途中失蹤，內載兵工署無煙火藥及本公司汽油，迄未尋得下落。

　　3. 宜賓機場因水淹跑道不能降落，自本月十日起暫行停航。

（二）交通司王司長報告

　　據本司駐印代表報告，現時存印各地通訊器材併計僅有七百餘噸，恐在短期內即有斷絕之虞，應該交涉從速由美起運。

主席提示：

（1）查租借法案申請案曾遵照委座指示準備兩年計劃之原則，將軍事部門擬具甲、乙兩案呈奉批准後，業已移送本會國際物資組，應再邀集各有關單位整理細目彙案辦理，如整個集會審查，恐反遲誤，可請各單位個別與國際物資組審定會辦，擬較簡捷，至不屬軍事範圍之各機關需要情形如何，本處不甚瞭解，但亦可分別逕向國際物資組洽辦。

（2）如有本年已申請而未起運者，請國際物資組查明電洽供應委員會起運。

（三）兵工署楊司長報告

　　1. 宜賓機場因水淹停航後，對本署材料之接濟將受影響，至現時所得空運噸位原可勉強維持，但在昆材料以種種問題不能接運應用，目前曾為此事與龔副總局長、蘇局長對川滇東路加強運力問題，暫以十月份起至明年二月止，運足三千噸為標準，但需解決困難之點如次：

　　（1）汽精須準備九萬介侖以資週轉。

　　（2）撥發租車週轉金。

　　（3）撥讓空運噸位在本年十一、十二兩月每月先撥 50 噸，內運配件、油、胎。

　　以上除（1）（2）兩項必須撥發鉅款，故請交

通部與軍政部再正式商定外，第（3）項應請
優先會議解決。

主席答復：

川滇東路所需配件、油、胎如公路總局確能供應，可撥
給空運噸位。

　　2. 宜賓機場不能充分利用，此線原可節省一部份
　　　公路運力，似應予加強。

交通部航政司李幫辦答復：

宜賓機場加強案本部已擬有計劃，需款約四萬萬元，如
國庫方面可能負擔時，即可提出。

主席提示：

宜賓機場加強工作進展情形，請交通部隨時告知本處，
以便調整此線運量

　　3. 本署在印物資當較其他機關為多，但機場方面未
　　　能大量集中，時有不濟之處，應請電飭駐印代表
　　　處向美軍交涉，協助趕運，期能配合運量。

　　4. 凡載運彈藥之貨機似不宜帶裝油料，以防危險。

祕書處答復：

發電請周區代表注意。

（四）交通部吳司長報告

　　1. 關於租借物資申請案尚有考慮之點，正在研
　　　討中。

　　2. 我方申請所得之物資，輒被史迪威將軍大量
　　　移用，今後能否避免。

主席答復：

在印「史迪威物資」與「非史迪威物資」之分類存儲，

最近曾據美方有所提商，但未能解決，尚成懸案，至「非史迪威物資」之移用，必須徵得我方同意，以往曾有書面洽定。

（五）潘參事報告

1. 明年度租借物資申請辦法似可準備中印未通前及將來打通後兩部份辦理。

2. 已經租借法案項下我國物資之數額及今後實際所得到者，似應力求明朗化，俾使盟邦不再誤解，而本會國際物資組對租借物資之帳目，似應認為中心工作，並備就充分之資料，以便隨時公開，免再隔膜。

丙、討論事項

（一）祕書處提十月份中航機內運噸位，依照半月運量估計可達 2300 噸，茲除預定基數及先後指定增運之兵工材料、汽車配件、美軍降落傘等各項，共計 1860 噸外，得有 440 噸超額，擬記如次：

1. 兵工材料　　　120 噸
2. 航空器材　　　40 噸
3. 公路運輸器材　80 噸
（軍公各半，公用部份應儘先供應川東局之油胎）
4. 軍需被服　　　100 噸
5. 工業器材　　　40 噸
6. 軍用醫藥　　　20 噸
7. 民用醫藥　　　10 噸

    8. 鹽務局鋼繩　　　10 噸

    9. 液委會機油　　　20 噸

決議：

通過。

（二）交通部航政司李幫辦提兩公司客運飛機油中央

     公司每月得 28 噸但在九月份實際運入僅 $3\frac{1}{2}$ 噸

     差額甚多現在中央公司奉令指定運輸機三架航

     行於昆明白市驛間接運財政部及貿易委員會之進

     出口物資是以用油亦將增加如 10 月份中航運量

     能超過 2300 噸以上時擬請補運中央汽油 $24\frac{1}{2}$ 噸

     以資救濟案

決議：

如在印購買無問題，及確能趕運 2300 噸以上時，可准

照運。

（三）航委會提為本會存查巴重要工具設備一批係供各

     地修機之用請撥 265 噸超額噸位內運應急案

決議：

先就該會所得比例噸位及此次所撥超額籌運不足者，俟

下月份再議。

（四）交通司提議為機械化學校英購戰車工廠存印機

     器五百餘頓並有多批正陸續交貨中本公司噸位

     不敷無以統籌等請另撥噸位由該校自運案

主席指示：

可於下次調整比例時仍包括於交通司範圍酌辦。

丁、散會

軍事委員會運輸會議物資內運優先管制會議第八十次會議紀錄

日期　民國 33 年 10 月 24 日下午 3 時

地點　祕書處會議廳

出席　錢大鈞　王景錄　　楊繼曾　吳競清

　　　何墨林（李振先代）　吳中林（陳雲僑代）

　　　陳　璞　楊柳風（孫振先代）　盛祖鈞

　　　高大經　金士宣　　沈克非（舒昌譽代）

　　　劉傳書（程威廉代）　蔣易均　陳菊如

　　　郭泰禎（閻子素代）　繆　通

列席　許詒勳

主席　錢大鈞

紀錄　徐允鰲

甲、 宣讀上次會議紀錄

乙、 報告事項

（一）祕書處報告

　　　本月份中航機超額原本核定以 2300 噸總量增配在案，旋據周區代表函告，因中航駕駛員不敷分配，恐不能達成 2100 噸，當已去函可照所配各項比例減少。

（二）中航公司高主任報告

　　　本月運量截至二十二日為止，共運一五八〇噸九一二公斤。

（三）兵工署楊司長報告

　　准財政部通知，為辦理海關統計，今後空運進

　　口物資須按月開單造送該部，已經運入者亦需查

　　明，一次彙補，內分品名、數量及價值等項，查

　　價值一項因大多得自租借法案，似難填列，至

　　品名、數量可否請公路總局按月查明彙送。

主席指示：

可請公路總局辦理。

（四）交通司王司長報告

　　上次紀錄關於戰車工廠存印機件仍在本月比例

　　內統籌，因本司所得噸位尚不敷甚鉅，實屬無

　　法負責，為免今後誤事計，仍請另撥噸位或超

　　額項下專運。

主席答復：

俟有超額時再為酌辦。

丙、 討論事項

（一）祕書處提議十二月份中航機內運噸位擬以貳千

　　噸為基數，並改定比例如次：

　　　　1. 兵工材料　　　　40％

　　　　2. 鈔券　　　　　　10％

　　　　3. 軍用交通通信　　10％

　　　　4. 普通交通通信　　10％

　　　　5. 航空器材　　　　5％

　　　　6. 軍用醫藥　　　　5％

　　　　7. 民用醫藥　　　　3％

8. 軍需被服　　　5％

9. 工業器材　　　4％

10.客運飛機油　　4％

11.鹽產器材　　　2％

12.川東局配件油胎　2％

決議：

通過。

（二）兵工署提議為九月份中航機內各機關透運超額請於本月份如數扣還補運兵工材料案

決議：

1. 九月份已透運超額不必扣還，可以十一月份超額優先撥運兵工材料，如無特殊必要不再支配其他物資。

2. 此後支配超額，為使駐印代表處適時準備，應於每月之十五日以後二十日以前核定通知，至如二十日以後之伸縮噸位，准由代表處從權比例增減。

（三）航委會提議為請在十一月份提高本會比例增撥超額並於初旬優先內運修械工具由

祕書處答復：

1. 航空器材十一月份比例已提高。

2. 超額噸位須屆時再議。

3. 修機工具既屬急要，請就所得比例噸位，逕洽我代表處儘先配運。

決議：

照辦。

丁、散會

軍事委員會運輸會議物資內運優先
管制會議第八十一次會議紀錄

日期　民國 33 年 11 月 7 日下午 3 時

地點　祕書處會議廳

出席　項雄霄　　　　　　　吳競清

　　　何墨林（李振先代）　楊繼曾

　　　吳中林　　　　　　　高大經

　　　楊柳風（李希哲代）　汪英賓

　　　沈克非　　　　　　　劉傳書

　　　蔣易均　　　　　　　郭泰禎（閻子素代）

　　　陳菊如　　　　　　　盛祖鈞

　　　華壽嵩　　　　　　　繆　通

列席　程威廉　　　　　　　舒昌譽

主席　項雄霄

紀錄　徐允鰲

甲、宣讀上次會議紀錄

乙、報告事項

（一）祕書處報告

　　　上月份根據周區代表請准內運之汽車配件 100
　　　噸，因初未報告戶名，曾指示可運交昆明葛局長
　　　暫收，現據該處抄送與空運接轉處往返電文稱，
　　　此項配件原交配件總庫接收內運，因不及請美方
　　　更改收貨人名稱，故仍由該庫統籌配運等語，同

　　　　時查明十月份內運報告，此批配件似已運入。

（二）中航公司高主任報告

　　　1. 十月份內運總量二一二三噸二七二公斤。

　　　2. 本月份一日至四日共運三一八噸六二四公斤。

　　　3. 本月四日八十號機一架由昆明飛定時，至定
　　　　疆南五英里處降落於稻田中，機身已損壞，
　　　　是否能恢復，尚未明瞭。

（三）國際物資組華副主任報告

　　　頃接美國對外經濟局來函稱，關於存印汽車配
　　　件、機油、輪胎之內運，本先須約該局駐督運
　　　會代表馬康之同意，否則將予停運等語，查中航
　　　機內運噸位向屬我方優先管制會議之職權，節經
　　　辦理在案，現來函所稱似未瞭解實情，本組擬將
　　　經過及現狀向彼解釋，當將結果再行報告。

主席提示：

查輪胎之統籌內運及撥用，曾與各機關商定原則五項公
布在案，至配件之運供似亦可依照辦理，不宜各別另訂
辦法反形複雜，請國際物資組查案擬辦。又委座飭議調
整運輸業務案內對配件之運用亦有同樣之指示，應請同
時注意。

丙、　討論事項

（一）沈總代表酉艷電以中緬印美軍總部將劃分為兩
　　　個軍區後關於我國存印物資之接管儲運問題請
　　　核示兩點案

1. 史迪威物資是否移運將來成立之中國軍區總
   部接收。
2. 事後存印物資之儲運撥發，由緬印軍區總部
   代表中國軍區辦理，則於中印公路打通後之
   我國物資內運噸位應明確規定。

以上兩點如需該處在印初步商討請示辦法，如
在渝進行，則請將商討情形隨時告知。

決議：

先請總長提向美方探討核示對史迪威物資今後如何劃分：

1. 是否可將除 X 部份（駐印遠征軍）移運緬印軍區接
   管外，此外如 YZ（先後兩個卅個師）所需裝備物資
   改歸我方籌運撥配。
2. 如果可照上述劃分後，所需內運之物資，關於美軍空
   運隊不論其歸何軍區指揮，仍須照舊為我方代運。

（二）祕書處提稱，據東區代表處抄告各機關現存狄
　　　區能配合中航機內運之物資，截止十月十五日
　　　除配件總庫到貨因流動性過大無法統計，及到
　　　狄機油六千餘桶未計外，約計僅三千噸，已請
　　　總代表處交涉增加東運噸位等情，並擬：
　　　1. 由本處電請總代表處切實洽辦。
　　　2. 萬一脫節時可准東區處視存貨機關之多寡，
　　　　　從權擇配，以後再予調整。

決議：

通過。

（三）航委會來函請於本月內增撥超額噸位八十噸以
　　　便配運緊急器材案

決議：

俟討論超額時再議。

（四）祕書處提根據貿委會報告宜賓機場出口貨物情
　　　形運交英美之豬鬃照約即將運清此後須就美方
　　　購買情形而定等語查宜賓出口物資關係內運噸
　　　位之發展可否請貿委會及資委會籌運其他物資
　　　如茶葉鎢砂等以維此線空運案

1. 貿委會閻代表答復：

俟洽商後下次報告。

2. 交通部李幫辦報告：

資委會之鎢砂已有準備，刻以渝宜水運運價問題，
尚未啟運，但不致有脫節之虞。

丁、散會

軍事委員會運輸會議物資內運優先管制會議第八十二次會議紀錄

日期　民國 33 年 11 月 21 日下午 3 時

地點　祕書處會議廳

出席　項雄霄　　　　　　陳長桐

　　　華壽嵩　　　　　　楊繼曾

　　　吳競清　　　　　　何墨林（李振先代）

　　　陳　璞　　　　　　楊柳風（李希哲代）

　　　盛祖鈞　　　　　　蔡壽蓀

　　　汪英賓　　　　　　沈克非

　　　劉傳書（程威廉代）　蔣易均

　　　郭泰禎（閻子素代）　陳菊如

　　　徐允鰲

列席　舒昌譽

主席　項雄霄

紀錄　徐允鰲

甲、宣讀上次會議紀錄

乙、報告事項

一、祕書處報告

　　（1）上次紀錄討論事項關於美軍總部改組後對我
　　　　　存印史迪威物資之管理儲運劃分問題，經請
　　　　　總長提出中美會報商討結果，據美方答復，
　　　　　此事正開始研究中，在未決定以前一切均照

原辦法辦理。

（2）准美軍總部抄送十一月十六日致曾部長函一件，說明對於中航公司商用飛機油自本年十一月份起增至每月二百八十六短噸，除一百廿噸留印使用外，準予內運者每月為一百六十六噸，但須按月配足內運，否則將比照核減。

（3）十一月份中航機運量依照半個月實施情況，或可超過貳千貳百噸以上，已奉核准支配如次：

　　一、中航客運油　　　八十噸

　　二、航委會緊急器材　四十噸

　　三、軍需被服　　　　六十噸

　　四、鹽局鋼繩　　　　五噸

　　五、教育器材　　　　五噸

　　六、其他物資　　　　十噸

　　（由東區處酌辦）

　　如超過貳千貳百噸時悉運兵工器材。

（4）據總代表處抄致駐印各機關函一件，內稱由加、喀兩地東運狄區物資之車皮噸位已自1500噸增至2200噸，是以此後各機關申請東運物資應撥中航機內運比例及2200噸加計一倍請運。

（5）據國際物資組及龔主任委員報告，根據美方建議對於汽車配件及機油、輪胎之內運，請自十二月份起在中航機噸位內歸併專立一項，由配件總庫統籌接收支配等由，茲奉核准辦法如次：

　　　　一、准自十二月份起將汽車配件（包括機油、
　　　　　　輪胎）在中航機內專立一項（即在軍用
　　　　　　及普遍交通通訊比例中劃出一部份），
　　　　　　並由配件總庫負統籌收發之責。
　　　　二、在內運前或內運後，應由該庫就所得比
　　　　　　例會同國際物資組及交通司等各有關機
　　　　　　關商定軍公用途支配辦法。
　　　　三、如在中航機部份所得噸位不足，仍需美
　　　　　　軍機協運時，可由配件總庫洽辦。
　　　　四、其他各機關如以現款購買之零星配件，
　　　　　　仍歸各該機關自運。
二、交通部吳司長報告
　　（1）配件噸位專立一項自當同意，但本部附屬單
　　　　　位所需內運之材料甚多，如比例過少，深感
　　　　　不易應付。
　　（2）汽車配件需用之機關甚多，似不能僅憑公路
　　　　　總局配件總庫之立場可能解決，似應組織有
　　　　　力機構採取有效統籌辦法。
三、兵工署楊司長報告
　　（1）上次會議祕書處轉據東區代表處報告狄不魯
　　　　　加存資情形，對本署方面似有不符，已另函
　　　　　更正。
　　（2）川滇東路局承運本署物資，原洽定在十一、
　　　　　十二兩月每日為該局內運配件油胎 50 噸，現
　　　　　既改定內運辦法，則在支配用途時應請注意
　　　　　川東局之使用噸位。

四、資源委員會蔣處長報告

宜賓出口物資，本會方面已洽訂鎢砂 500 噸，即可運到。

五、貿易委員會閻代表報告

復興公司有運交印度政府之生絲約廿餘噸，因限於本年十二月交貨，欲利用宜賓回空機裝運赴印，又運交蘇聯之茶磚經與蘇方商得同意，可改由此線運交，但須得美方准許，可否轉請交涉。

六、中航公司蔡顧問報告

本月運量截至十九日止，共運一四〇四噸四四三公斤。

丙、討論事項

一、祕書處提十二月份中航機內運噸位支配辦法。

A. 以二千噸為基數：

（1）兵工材料　　　40%

（2）鈔券　　　　　10%

（3）軍用交通通訊　7%

（4）普通交通通訊　7%

（5）汽車配件油胎　10%

（6）航空器材　　　5%

（7）軍用醫藥　　　5%

（8）民用醫藥　　　5%

（9）軍用被服　　　5%

（10）工業器材　　　7%

（11）客運飛機油　　4%

B. 先撥定貳百噸為超額支配如次：

（1）客運飛機油　　80 噸

（2）鹽產器材等　　40 噸

（3）航空器材　　　40 噸

（4）軍需被服　　　40 噸

決議：

通過。

二、國際物資組提美國捐贈學生舊制服六十八萬套約
　　900 噸如能撥給空運噸位（希望每月 100 噸）即可
　　由美運出如何請核定案

決議：

可接受，至其運輸方法屆時再議。

三、沈總代表及貿委會提復興公司運交印度政府生絲
　　（約廿餘噸）因限本年十二月交足請准利用宜賓回
　　程機運印案

決議：

准予照運，但對美交涉請貿委會逕洽。

丁、散會

軍事委員會運輸會議物資內運優先管制會議第八十三次會議紀錄

日期　民國 33 年 12 月 12 日

地點　祕書處會議廳

出席　項雄霄　　　　　　　　楊繼曾

　　　吳競清　　　　　　　　吳中林

　　　陳　璞　　　　　　　　何墨林（李振先代）

　　　楊柳風（李希哲代）　　蔡壽蓀

　　　沈克非（舒昌譽代）　　劉永焜

　　　劉傳書（程威廉代）　　蔣易均

　　　郭泰禎（閻子素代）　　陳菊如

　　　繆　通

列席　許詒勳

主席　項雄霄

紀錄　徐允鰲

甲、宣讀上次會議紀錄

乙、報告事項

（一）祕書處報告

　　　1. 據兵工署報告，因作戰緊急，經與美軍商定在印撥足彈藥 1000 噸，並由中航機剋日內運，請將十二月份已定各項噸位變更實施等由，當奉核定本月份以 2000 噸基數比例，將兵工材料改運 300 噸，鈔券維持 200 噸外，其餘

均作對折配運，惟中航飛機油因經美方同意增購內運之關係，故同時核准以超額優先補足，此事業經急電周區代表接洽實施。

2. 據報存狄物資時感缺乏，各機關輒以不必需或國內可產之品配運，迭受美方指摘，經奉核飭，刻正並授權東區代表辦公處嚴格審查，各機關在狄如缺乏重要物質內運，不得再以普通者濫用寶貴之空運噸位。

3. 據東區代表辦公處報告，目前軍用醫藥及交通司正感缺貨，請將此噸位改運汽車配件，並照新規定由配件總庫統籌等情，經奉核准照辦在案。

4. 據中航公司及東區代表辦公處先後報告，十一月廿四日下午三時廿分有 106 號運輸機一架，由宜飛丁途中在麗江東南方附近失蹤，又十一月卅日下午五時零五分，56 號運輸機一架由丁飛昆途中失事，內裝兵工署鋅塊 1224 磅、軍令部通訊器材 19 箱計 3140 磅、政治部真空管兩箱計 83 磅，以及飛機師、報務員等均隨機焚燬。

5. 奉委座戌卅侍祕第 25197 號代電開：「據戰時生產局翁局長呈『以依照該局組織法有對軍用、民用物資之國內、國際運輸規定其優先次序之職權，此項工作現由運輸會議經辦，擬請移歸本局接辦，組織優先委員會，其參加機關及人員當儘量參照運輸會議現行辦法

予以規定』等語，查所請應予照准，除指復外，即希查照」等因，又准戰時生產局函同前由，並稱關於卅四年一月份之內運噸位併由該局規定等語，業已照辦並將所有優先管制案卷經於本星期一（十二月十一日）移送該局接收在案，今後各機關存印物資之請運（包括印境運輸），以及向美購料核給空運噸位證明書等案件，請逕向該局洽辦。

（二）中航公司蔡顧問報告

　　1. 十一月份內運物資共計二一二三噸九五〇公斤（定昆線一八二六噸四八四公斤，定宜線二九七噸四六六公斤）。

　　2. 十二月份一日至九日共運五二五噸九〇〇公斤。

丙、 討論事項

（一）軍需署吳司長提，軍需被服關係軍隊裝備，國內製造不敷，仍須依賴由印運入，在目前至明年三、四月間至少需有二百噸運入方克應付，擬請轉函戰時生產局今後支配軍服噸位時，除原得比例務必保持外，並須在超額項下每月支配壹百噸。

決議：

可錄案轉函戰時生產局查照，仍一面仍請軍需署逕洽。

（二）交通部航政司提，關於兩公司商用飛機油，除中
　　　航公司之 166 噸外，尚有中央公司每月應予內運
　　　者 28 噸，兩共 194 噸，均經美方同意購運之數，
　　　現十二月份僅定中航油 160 噸，中央公司當不在
　　　內，擬請增至 194 噸，並電周區代表知照內運。

決議：

本月份視超額情形再酌核，以後所需移請生產局核辦。

丁、散會

戰時生產局
第一次運輸優先會議報告

日期　民國 33 年 12 月 20 日

關於中印空運噸位分配職權，前奉鈞座侍祕字第二五一九八號代電，准由運輸會議劃出，交生產局接管，茲於十二月二十日舉行第一次運輸先會議，決定：

（一）下年一月份由印至華空運噸量

    A. 目前每月由印飛華噸位約為二千餘噸，以一千噸劃歸運輸械彈，以一千噸分配其他器材，蓋其他器材範圍甚廣，舉凡兵工、通訊、運輸、工礦以及鈔票、軍用被服、醫藥等，莫不包括在內，原有噸位已不易支配，同時此項器材亦無不與軍事密切有關，實有經常維持原有噸位之必要。

    B. 此項分配噸位時，對在印境狄不魯加之存量及到昆後能否迅速轉運至應用地點，亦經詳加考慮，如軍用藥品在狄現無存貨，故將其原有分配量取消，改運國內急需之輪胎及汽車配件等物。

（二）內運物資大部分係供川境各地使用，運達昆明後以卡車運輸能力有限，頗多壅積，仍難使用，將來美國大型運輸機三十架到印後，此種現象自將更為顯著，倘能逕運川境，自屬最佳，但宜賓機場跑道既短，該地氣候尤為惡劣，航行降

落頗有障礙，改良之法，惟有在瀘縣（或納溪）
另築機場，俾由印內運物資，確能迅速運轉目
的地點，此點現正交由交通部擬具計劃呈核。

三十四年度一月份中航機內運物資噸位分配表

A. 以 1000 噸為標準分配如下

一、兵工材料	300
二、鈔券	200
三、軍用交通通訊	50
四、普通交通通訊	70
五、汽車配件及油胎	130
六、航空器材	50
七、民用醫藥	30
八、工業器材	40
九、軍需被服	50
十、客運飛機油	80

B. 指定 200 噸為超額

一、客運飛機油	60
二、兵工器材	40
三、鹽產器材	20
四、航空器材	40
五、軍需被服	40

一九四五年紀錄

戰時生產局
第二次運輸優先會議報告

日期　民國 34 年 1 月 15 日

（一）一月份中航機空運進口物資，因最近昆印航線氣
　　　候惡劣，以致影響運量，最多可達一八〇〇噸。
（二）二月份中航機內運物資優先序額之分配，經於
　　　元月十五日召開第二次運輸優先會決議，以一
　　　八〇〇噸為分配基數，以二〇七噸為超額。

三十四年二月份中航機內運物資噸位優先序額分配表
A. 以 1800 噸為分配基數

一、緊急械彈	一〇〇〇噸
二、兵工材料	二〇八噸
三、鈔券	一四四噸
四、軍用交通通訊	三二噸
五、普通交通通訊	四〇噸
六、汽車配件及油胎	一〇〇噸
七、航空器材	三二噸
八、軍用醫藥	二〇噸
九、民用醫藥	一五噸
十、工業器材	二五噸
十一、軍需被服	八八噸
十二、客運飛機油	七二噸
十三、鹽產器材	二四噸

B. 指定 207 噸為超額

　　一、兵工器材　　　　五二噸
　　二、客運飛機油　　　一八噸
　　三、鈔券　　　　　　三六噸
　　四、軍需被服　　　　二二噸
　　五、軍用交通通訊　　　八噸
　　六、軍用醫藥　　　　　五噸
　　七、汽車配件及油胎　三〇噸
　　八、工業器材　　　　　七噸
　　九、鹽產器材　　　　　六噸
　　十、航空器材　　　　　八噸
　　十一、普通交通通訊　　十噸
　　十二、民用醫藥　　　　五噸
　　超額物資起運次序即照本表規定辦理。

三十四年一月份中印空運進口物資分配與實際運量對照表

日期　民國 34 年 2 月 24 日

物資類別	分配數量（噸）	實際運量（噸）	稱欠比較		附註
			增運（噸）	欠運（噸）	
緊急械彈	1,000	937		63	
兵工器材	300	230		70	
鈔券及器材	200	164		36	
軍用交通通訊	50	40		10	
普通交通通訊	70	56		14	
軍用醫藥		10	10		兵工署撥還
民用醫藥	30	24½		5½	
航空器材	50	40		10	
汽車配件及油胎	130	110		20	
軍需被服	50	50			
工礦器材	40	32		8	
客運飛機油	80	77		3	
滇緬段投糧		32½	32½		
總計	2,000	1,803		197	

附註：
1. 全月運量計 1,803 噸，平均每日起運 58 噸。
2. 全月飛昆 872 次，飛宜 23 次，共計 895 次，平均每日起飛 29 次。

中航機三十四年二月份
實際內運物資簡表
及三月份空運噸分配表

日期　民國 34 年 3 月 17 日

中航機三十四年二月份實際內運物資簡表

物資類別	原定噸額（噸）	實際運量（噸）
緊急械彈	1,000	760
兵工器材	208	268
鈔券	144	122½
軍用交通通訊	32	28
普通交通通訊	40	34
汽車配件及油胎	100	87
航空器材	32	27
軍用醫藥	20	17
民用醫藥	15	14
工礦器材	25	20½
軍需被服	88	75
客運飛機油	72	72½
鹽產器材	24	25
政治部放映機		4½
保密路投糧		2
總計	1,800	1,557

中航機三十四年三月份空運噸分配表

物資類別	分配噸位		備註
	基數	超額	
緊急械彈	1,000		
兵工原料	205	52	
鈔券	160	40	
普通交通通訊	80	20	
汽車配件及油胎	80	20	
航空器材	32	8	
軍用醫藥		1	噸位讓與軍需署趕運帳幕、夏服
民用醫藥	8	2	
工礦器材	24	6	
軍需被服	106	27	
鹽產器材	32	8	
客運飛機油	64	16	
其他	9		內政治部 4 噸、教育部 3 噸、中央廣播事業管理處 2 噸
總計	1,800	200	

戰時生產局第三次運輸優先會議決定空運噸位分配情形

日期　民國 34 年 3 月 22 日

四月份中航機內運空運噸位分配表

物資名稱	分配噸額		說明
	基數	超額	
緊急械彈	500	無	委座電令專案
紗布軍服	500	無	宋代院長諭辦，借用緊急械彈噸位
兵工器材	300	無	內 200 噸運宜賓
鈔券	186	20	內黃金 6 噸
軍用通訊	45	無	
普通通訊	120	20	
汽車配件	80	30	包括各機關汽車配件在內（基數內 40 噸及超額內 30 噸運軍用機油）
航空器材	40	10	
軍用醫藥	20	20	基數 20 噸運藥品，超額 20 噸運帳篷
民用醫藥	15	10	
工礦器材	30	20	
戰時生產器材	20	10	
鹽產器材	35	15	財政部復興公司顏料 6 噸，桐油研究所儀器 4 噸，在超額內配運
客運飛機油	100	40	
其他	9	5	內包括教育部圖書材料半噸，政治部放映機等 6 噸，軍令部 0.33 噸
共計	2,000	200	

戰時生產局第四次運輸優先會議決定空運噸位分配情形

日期　民國 34 年 4 月 23 日

三十四年五月份中航機內運物資噸位分配表

以 2500 噸為基數，170 噸為超額

物資名稱	分配噸額		說明
	基數	超額	
紗布軍服	1,000		內軍需署顏料 10 噸
兵工器材	790		
鈔券及器材	190	10	
軍用交通通訊	45		
普通交通通訊	120	20	
汽車配件及油胎	60	60	超額 60 噸運機油，在超額內作第一優先配運
軍航器材	40	10	
軍用醫藥	15	10	
民用醫藥	15		
工礦器材	45	5	
戰時生產器材	35	10	
鹽產器材	35	5	
客運飛機油	100	30	
其他	10	10	基數內教育部 5 噸、善後救濟總署 3 噸、政治部 2 噸，超額內中廣處 1 噸、復興公司 3 噸、桐油研究所 2 噸
總計	2,500	170	

戰時生產運輸優先委員會
第五次會議開會情形簡報

日期　民國 34 年 5 月 19 日上午 9 時

地點　戰時生產局會議廳

（一）四月份共內運一七八七噸（＋）。

（二）五月份截至十六日止，已內運八三九噸（＋）。

（三）五月份內失事飛機兩架，內第九〇號機全毀，
　　　第五五號機可於兩個月內修復。

（四）新運輸機 C-46 已抵印八架，內四架已應用，餘
　　　四架不日亦可航行，故六月份噸位可能增加。

（五）六月份基數仍與五月份同，為 2500 噸，超額為
　　　300 噸，較五月份之 170 噸增加 130 噸。

（六）各機關基數分配，六月份較五月份甚少增減，
　　　未有爭辯，超額因新飛機加入航行實現性甚
　　　強，故爭取至烈。

（七）本會六月份基數為 45 噸（與五月份同），超額
　　　經爭取得 30 噸（較五月份增 25 噸）。

中航機三十四年六月份內運物資噸位分配表

日期　民國 34 年 5 月 26 日

物資類別	四月份分配數	四月份實用數	五月份分配數		六月份分配數		備註
			基數	超額	基數	超額	
花紗布	500	767½	1,000		909 1,000 美噸		
緊急械彈	500	172					
兵工器材	300	255	790		800	8	超額 8 噸運第五集團軍軍用器材
鈔券及器材	186	158½	190	10	200		
軍用交通通訊	45	40	45		45	25	
普通交通通訊	120	106	120	20	120	60	
汽車配件及油胎	80	31½	60	60	50	20	
軍航器材	40	35	40	10	45	30	
軍用醫藥	20	17	15	10	40	15	基數 3 噸，超額 5 噸，運帳篷，餘運醫藥
民用醫藥	15	14½	15		15	12	超額內 10 噸運救濟總署衛生訓練器材
軍需被服					30		基數 30 噸運顏料
工礦器材	30	31	45	5	50	30	
生產器材	20	12	35	10	40	20	
鹽產器材	35	31½	35	5	35	10	
客運飛機油	100	106	100	30	100	60	
其他	9	8	10	10	21	10	
總計	2,000	1,785½	2,500	170	2,500	300	

六月份其他項下：基數內計教育部三噸、中央廣播處二噸、政治部三噸、軍令部三噸、中央氣象局 200 公斤，超額內教育部二噸、桐油研究所一噸、復興公司二噸。

空運瀘縣物資分配及接轉座談會紀錄

日期　民國 34 年 6 月 28 日下午 3 時

地點　戰時生產局會議廳

出席　交通部　　　吳元超

　　　中航公司　　沈德燮（高大經代）

　　　中央銀行　　陳菊如

　　　航委會　　　楊柳風（李希哲）

　　　戰運局　　　王潤生

　　　兵工署　　　王文法

　　　花紗布局　　李晉侯　陸嘉馥

　　　民生公司　　王光藻

　　　戰時生產局　王炳南　胡竟銘　康燮宸　韓樹堂

主席　王炳南

紀錄　高金聲

主席報告

中航機丁瀘航運事宜，大致準備就緒，即可開運，本日已有 C-46 機一架由丁飛瀘，茲為有關於接運辦法、開航日期、飛瀘物資序額分配、各機關應如何聯繫以及利用回空機裝運出口物資諸問題請各抒卓見，以便決定實施。

中國航空公司報告

丁瀘縣空運業已如期準備，飛機裝卸問題已與美軍 SOS

洽妥，擬請戰時生產局再電知美 SOS 查照，以昭鄭重。

戰時運輸管理局報告

（一）瀘縣方面，本局業已成立空運接轉處，原備卡車
　　　卅五輛備用，現調赴霑益廿五輛，尚餘十輛，
　　　辦理接運工作。

（二）機場至倉庫距離十八公里，汽車接運運費規定
　　　每噸案 2740 元計算，倉庫至碼頭因碼頭附近地
　　　勢狹小，必須於起運前臨時運往碼頭裝船，裝
　　　卸費用擬併入船運運價內，如何規定，現正商
　　　議中，惟燃料如煤、柴油供應尚有問題，亦正
　　　設法解決。

（三）接運裝卸工人已經備妥。

民生公司報告

現由航運同業成立瀘縣物資躉船接運委員會專事辦理瀘
縣碼頭裝卸事宜，現有工人 100 名，在河邊並已備妥駁
船，普通物資駁運費均按每噸國幣 2570 元計費，笨件
重量超過一噸以上者，每噸國幣 3840 元，駁運汽油每
噸 3600 元，躉船囤費各種物資每噸均按 1000 元計收。

討論事項

（一）到瀘物資如何接運案

議決：

一、接運汽車不敷時，由戰時運輸管理局飭空運接轉
　　處按時調派。

二、接運裝卸等項費用，由物資機關直接付給承辦接運
　　機關，船運運費可與輪船公司洽商，在重慶支付。

（二）丁瀘空運開航日期如何決定案

議決：

定自七月一日開航，各有關機關應辦事務即迅分項準備
進行。

（三）物資運瀘序額如何分配案

議決：

1. 七月份丁瀘噸位姑按 1200 噸分配原由核定噸位內扣
　　算計：

　　兵工器材　　　　五〇〇噸
　　鈔券　　　　　　一〇〇噸
　　客運飛機油　　　五〇噸
　　戰時生產器材　　四〇噸
　　花紗布　　　　　四〇〇噸
　　普通交通通訊　　六〇噸
　　軍航器材　　　　四五噸
　　其他　　　　　　五噸

　　一日至十日全運兵工器材，十一日起按照分配額比
　　例配運。

2. 七月份宜賓噸位 300 噸全運兵工器材。

（四）利用回空機位裝運出口物資案

議決：

由戰時生產局通知 FEA 準備。

散會

中航機三十四年七、八月份
內運物資噸位分配表

日期　民國 34 年 7 月 24 日

物資類別	七月份			八月份		
	基數	超額	說明	基數	超額	說明
花紗布	909		折 1,000 美噸	780		內 30 噸運顏料
兵工器材	800			950		
鈔券及器材	220	20	先運鈔券，次運器材	260		
軍用交通通訊	45	25		45		
普通交通通訊	140	60		140	60	內超額 28 噸運造船器材
汽車配件油胎	10	20		20	20	
軍航器材	45	30		60		
軍用醫藥	30	5	專運帳篷	40	10	基數 30 噸帳篷，餘運醫藥
民用醫藥	15	10		20	20	
軍需備服	30		運顏料	20	20	
工礦器材	50	30		80	20	基數 10 噸運糧食部鐵皮，23 噸運甘肅油礦局煉油器材
戰時生產器材	40	20		80	20	
鹽產器材	35	10		40		
客運飛機油	100	60		150	30	
其他	31	10		15		
總計	2,500	300		2,700	200	

戰時生產局運輸優先委員會
第八次會議紀錄

日期　民國 34 年 8 月 16 日下午 4 時

地點　戰時生產局會議廳

出席　翁文灝（彭學沛代）　彭學沛

　　　Mr. James A. Jacobson

　　　Mr. T. Stanton

　　　沈　怡（華壽嵩代）　楊繼曾

　　　李景潞（蔣易均代）　楊柳風（李希哲代）

　　　鄒　琳（郭泰禎代）　楊銳靈（熊　昌代）

　　　俞松筠（許汝正代）　陳菊如

　　　沈德燮　　　　　　　嚴家淦

　　　王炳南（趙傳雲代）

列席　張憲倫（花紗布管理局）

　　　陸嘉馥（花紗布管理局）

　　　錢菊林（鹽政局）　　胡炳生（復興公司）

　　　閻子素（財政部）　　徐世綸（軍醫署）

　　　鄒　杞（軍醫署）　　周其棠（兵工署）

　　　顧厚鋆（通信兵司）　趙叔翼

　　　陳錫祥　　　　　　　趙傳雲

　　　康燮宸

主席　翁文灝

紀錄　高金聲

開會

主席致詞

（一）現在日敵投降，局勢轉變，中航機將在國內增加任務，已向最高當局建議國內飛航使用 C-47 式機，中印飛航使用 C-46 式機，儘以急需物資內運，以上建議邀准採納，則九月份中印運量最大月可達一千八百噸，但在此項建議未決定前，九月份噸位姑仍按上月總額計劃分配，將來再為酌減。

（二）各機關上年申請本年內用尚未在美交貨或未起運之租借物資，如認為現不急需或不需要者，請提出會議以便統籌辦理。

（三）租借法案物資照章於戰事宣佈停止之日應即停止供應，然以事實上之需要，在過渡時期尚須保留，現在正向美洽商中。

報告事項

戰時生產局運輸處趙傳雲報告：

（一）七月份中航機內運物資為 2378 噸，原計劃 2500 噸之數，所差僅 122 噸，約為九五折。

（二）中航機計劃無限制在瀘縣起落一節，已向美方洽商，尚未得復，就目前情形，每月 2500 噸物資如數運瀘儲運，在接轉上尚無較難問題。

（三）九月份中航機內運噸位，仍姑按基數 2700 噸、超額 200 噸計劃分配，是否適宜，請公決。

討論事項

三十四年度九月份中航機內運物資噸位如何分配案

議決：

以 2700 噸為基數、200 噸為超額分配辦法通過，如左表。

物資類別	分配噸數		備註
	基數	超額	
花紗布	400		
兵工器材	850		
鈔券及器材	260	20	
軍用交通通訊	70		
普通交通通訊	300	60	
汽車配件及油胎	20	20	
軍航器材	60		
軍用醫藥	40	10	
民用醫藥	90	20	
工礦器材	80	40	
生產器材	210	30	基數內 80 噸運電銅
鹽產器材	40		
客機器材	250		
其他	30		教育部 6 噸、中央廣播處 3 噸、軍令部半噸、桐油研究所 1 噸、復興公司 2 噸
總計	2,700	200	

運量不足時，除鈔券、客機油不能折扣及軍航器材折扣不能少於五〇噸，鹽產器材不能少於三五噸外，其於各項比例折減。

糧食部鐵皮原定每月十噸，停止配運。

散會

戰時生產局運輸優先委員會
第九次會議紀錄

日期　民國 34 年 9 月 18 日上午 9 時

地點　戰時生產局第一辦公處會議廳

出席　翁文灝（彭學沛代）　　彭學沛

　　　沈　怡（華壽嵩代）　　龔學遂（張迺修代）

　　　楊繼曾（周其棠代）　　李景潞（蔣易均代）

　　　葉蘊瑩（王修瑜代）　　鄒　琳（閻子素代）

　　　楊銳靈　　　　　　　　馬基華

　　　陳菊如　　　　　　　　沈德燮（王家襄代）

　　　嚴家淦（姚南笙代）　　王炳南

列席　錢菊林（鹽政局）　　　常漢清（復興公司）

　　　蔡　湘（軍需署）　　　方龍章（善後救濟總署）

　　　顧厚鎣（通信兵司）　　王之璽（生產局）

　　　趙叔翼（生產局）　　　吳學蘭（生產局）

　　　陳錫祥（生產局）　　　康燮宸（生產局）

主席　翁文灝（彭學沛代）

紀錄　高金聲

開會

主席致詞

中印空運物資噸位之分配，自日本投降局勢轉變後，即
以側重復員所需物資之提高為原則，今後仍本此方針
辦理。

中印空運中航機之使用，將因租案物資停止，至多可能維持兩三個月，故在印物資希望各機關從速劃分海、陸、空內運數額，特別急要者列為空運，至於陸運運量因美方擬結束中印公路之運輸，其數額難估過多，此後大量物資之內運惟有專待海運，至所需輪船正交涉中，現在加埠物資應無須東運丁江，以免海運時回運之煩。

報告事項

戰時生產局運輸處報告：

（一）中航機丁宜線航運經有關機關會議議決，已自九月十五日起結束。

（二）八月份中印空運中航機進口運量為 1877 噸，九月份至十二日止運入 792 噸餘，惟飛瀘貨機僅廿一班，希望中航公司設法增加航班，達成任務，飛瀘及調派他用機數，尤須預為妥慎籌劃，以免紊亂。

中國航空公司報告：

（一）八月份進口空運減少原因，C-46 式機使用不久，且修理未能圓滿，氣候不佳，調派應付緊急運輸之飛機時常不能按期回來，已書面報告生產局。

（二）九月份進口空運至十四日止，已飛入 400 班，計 937 噸，按此估計，九月份運入 1800 噸，不成問題。

（三）最近應派飛廣州飛機七班，故九月份進口噸位又有減低可能，惟國內飛行用油因瀘、漢、粵各

地接收者為數甚少，希望撥客機油噸位 500 噸。

（四）本公司過去調派內地使用飛機，係按合同規定聽
　　　受交通部長之命令，未報生產局，今後當密切
　　　聯繫，將運輸資料儘量報告生產局。

戰時運輸管理局報告：

過去汽車配件、油、胎每月由 ATC 代運千噸供應，各
部份尚敷支配，現以 ATC 已停代運，故中航機該項噸
位希望增加。

討論事項

一、存印物資分別空運昆瀘及海運滬粵如何規定案

議決：

各機關應分別海、陸、空運輸噸額，列單於下禮拜一
（九月廿四日）送到戰時生產局審核。

二、丁瀘線空運如何改善案

議決：

由中航公司擬定噸額於二日內送到生產局核辦。

三、卅四年十月份中航機內運物資噸位如何分配案

議決：

以 2070 噸為基數、200 為超額分配辦法通過如左表：

物資類別	分配噸數		備註
	基數	超額	
兵工器材	250		
鈔券及器材	600		內黃金五噸由加至昆
軍用交通通訊	10		
普通交通通訊	300	60	
汽車配件油胎	30	20	
軍航器材	50		
軍用醫藥	37		運醫藥器材
民用醫藥	40	20	
軍需被服	45		
工礦器材	100	60	龍溪河水電機在基內運，由資源委員會列單
生產器材	160	30	
鹽產器材	35		
客運機油	350		
救濟物資	40		下半月運入
其他	23	10	教育部 5 噸、中廣處噸半、政治部 2 噸、桐油研究所 4 噸、復興公司 10 噸
共計	2,070	200	

散會

戰時生產局運輸優先委員會
第十次會議紀錄

日期　民國 34 年 10 月 16 日上午 9 時

地點　戰時生產局第一辦公處會議廳

出席　翁文灝（王炳南代）

　　　龔學遂（華壽嵩、張迺修代）

　　　李景潞（蔣易均代）　　楊繼曾（周其棠代）

　　　楊銳靈（熊　昌代）　　鄒　琳（閻子素代）

　　　陳菊如　　　　　　　　馬基華（劉　遜代）

　　　葉蘊瑩　　　　　　　　沈德燮（吳景岩代）

　　　王炳南

列席　蔣易均　方龍章　朱匯森　楊啟平

　　　湯一鶚　朱炳熊　吳元超　常漢清

　　　李尚德　陶　騫　趙叔翼　康燮宸

主席　翁文灝（王炳南代）

紀錄　高金聲

開會

主席報告

（一）美方正式通知我方，中印空運合同十月底停止，
　　　頃奉行政院令與美方交涉，將原有飛機予以價
　　　購，現商洽結果，美軍認為中航公司現有飛機
　　　與其他已交我方租借法案物資同一性質，我方可
　　　以繼續使用飛行，惟油料、運費及人員等應由我

方自行負責準備等語，故今後各機關物資由印空
運入國者，應擔負運費。

（二）今後中航機中印空運當以近二、三個月內國內
急需物資為標準，其可從緩者，應儘量等候輪
船洽妥改為海運入國，所需輪船已電駐美魏大
使交涉中。

交通部航政司吳幫辦報告

（一）中航公司現有之美國 C-46、C-47 式兩種運輸
機，美方願意售予我國，業已呈請政院核示，
C-47 式機美方規定每架售價美金貳萬元，C-46
式價格尚未規定，惟購買該項飛機目的，除以
一部分維持中印空運外，旨在復員運輸需用及
發展國內航運。

（二）在兩三個個內海運問題定可解決，故下月中航
中印空運應以兩三個月內後方必需物資為限，
其能稍緩者儘量海運，因空運運費負擔過鉅，
殊不經濟。

中國航空公司吳景岩報告

美方同意合約停止後，本公司現有飛機仍可繼續中印航
運一節，本公司與美方未嘗接洽，故在印航務已作結束
準備，如下月繼續辦理，除油料積極準備外，運費須由
各物資機關擔負，更當先期籌款。

討論事項

（一）十月份中航機運量銳減每日平均為 38 噸如何折
　　　減案

議決：

由交通部航政司督飭中航公司在下半月增強空運運量。

（二）中航機內運鈔券迭因飛行關係中途拋落如何補
　　　救案

議決：

嗣後載運鈔券，在可能範圍內，應配裝其他物資，中
途航行發生障礙，必須減輕載重時，儘以其他次要物
資拋棄。

（三）租借法案中航機中印空運停止後中印空運如何
　　　繼續辦理案

議決：

1. 每月運量按一千公噸為內運標準，由中航公司即速準
　備一切，並按實際運輸成本擬定運價送交通部審核，
　以便提出十月十九日小組會議後，呈請行政院核准
　墊款。

2. 各機關物資必須由印空運入國者，按十一、十二月
　兩個月需要，核實數量，提出十月十九日小組會議，
　以便統配噸位。

（四）存印物資海運入國如何準備案

議決：

1. 一俟輪船交涉撥到，再行分配優先起運序額及配
　裝、接運等辦法。

主席指示

中印空運十一月份照常續辦，噸位分配及運價規定準於十月十九日（星期五）下午三時在本局第一辦公處會議廳開會商討，今日到會各代表不另通知，不需空運噸位之各機關可不參加。

散會

戰時生產局運輸優先委員會
中印空運小組會議紀錄

日期　民國 34 年 11 月 2 日上午 10 時

地點　戰時生產局第一辦公處會議廳

出席　吳元超（交通部）　　張月超（資委會）

　　　包新第（資委會）　　劉安平（中航公司）

　　　吳景岩（中航公司）　王炳南

　　　康燮宸　　　　　　　高金聲

　　　蕭立坤

主席　王炳南

紀錄　高金聲

主席報告

本年十一、十二兩月中航機繼續維持中印空運進口物資運輸，據駐印總代表電報，已於十一月一日美孚同意先撥油料開始飛航兩個月，應需之運費承經宋院長批准院令，即可發出，飭由財政部直接撥交中國航空公司支用該項費用，已包括回程部份，故回空噸位亟應利用裝運出口物資，俾可收回一部份回空運費，以減輕政府負擔，如何實施，請各抒卓見。

資源委員會張月超報告

售與美國之出口物資，在十一、十二月份內約可有鎢、銻一千噸，過去係用租案內之中航回空機運往印度，並洽定在昆明交貨，惟未起運離昆部份，美方並不承認接

收，按實際情形，資委會及 FEA 均未擔負出口運費。

討論事項

一、FEA 所購物資利用回空機位裝運出口運費如何計
　　收案

議決：

十一、十二兩月中航回空機位儘量利用載運該項物資，
出口運費暫不規定，但須保留裝運紀錄，以備將來向美
國洽算。

二、回空機位裝運出口貨物應如何規定案

議決：

以資委會經售 FEA 存昆之錫、銻，及復興公司代運出
口物資為限，即由各該物資機關分別通知其駐昆、瀘人
員，就近與戰時生產局各地區辦事處接洽，交中航回空
機起運。

主席指示

十一月份回空機位計瀘丁線三百噸，昆丁線四百五十
噸，十二月份昆丁線七百五十噸。

散會

戰時生產局運輸優先委員會
第十一次會議紀錄

日期　民國 34 年 11 月 16 日下午 3 時

地點　戰時生產局第一辦公處會議廳

出席　翁文灝（王炳南代）

　　　龔學遂（華壽嵩、張迺修、吳元超代）

　　　楊繼曾（周其棠代）　楊銳靈（熊　昌代）

　　　鄔　琳（閻子素代）　嚴家淦（宋　濂代）

　　　葉蘊瑩　　　　　　李景潞（缺席）

　　　馬基華（劉　遜代）　陳菊如

　　　沈德燮（吳景岩代）　王炳南

　　　康燮宸

列席　錢菊林（鹽政局）　　邵　杞（軍醫署）

　　　顧厚鋆（通信兵司）　許邦友（宋鴻淳代）

　　　吳學蘭（陳錫祥代）

主席　翁文灝（王炳南代）

紀錄　高金聲

開會

主席致詞

本年度十一、十二兩月繼續自辦中印空運兩個月，經各方共同努力，於十一月一日起如期開始，成績甚好，希望能如數運足，達成預期任務。

報告事項

戰時生產局運輸處康燮宸報告：

一、關於由印海運物資分至滬、粵，現正接洽租用英
　　輪代運，至於交涉美輪亦在積極進行，惟何日洽
　　妥開始運輸，尚難預定，故目前中印空運物資進
　　口仍屬需要。

二、十二月份中印空運進口物資運量已奉宋院長核定，
　　七五○噸分配項目照十一月份數額辦理，惟全數
　　運往昆明（見附噸位分配表）。

三十四年度十二月份中航機丁昆線內運物資噸位分配表

物資類別	兵工器材	鈔券器材	普通交通通訊	汽車配件油胎	軍航器材
噸位分配	100	200	150	80	10
物資類別	工礦器材	生產器材	鹽產器材	客運汽油	共計
噸位分配	20	20	20	150	750

中國航空公司吳景岩報告：

十一月份中印空運進口運輸截至十四日止，共已運入物
資 599 噸，計丁昆線飛航一八九次 570 噸，丁瀘線九次
28 噸，惟因奉交通部轉下最高當局命令，所有飛機應
集中擔任特殊任務，故中印空運定於十六日停止。

討論事項

一、中航公司提報至三十四年十一月十六日起停止中
　　印空運案

議決：

原定十一、十二月份自辦中印空運兩個月之運量仍予保
留，一俟特殊任務完畢，儘速完成原定運量，中航公司
在印設備應予保留待用。

二、三十四年十一十二兩月份自辦中印空運在印各倉
　　提貨及定疆機場裝機運輸與員工等項費如何籌款
　　負擔案

議決：

由中航公司先將領到運費美金項下提出羅比六五六○○
盾，發交戰時生產局駐印周總代表賢頌辦理，一俟該項
運務結束，再按實際所需，由各物資機關分別與空運運
費■案補辦追請預算手續。

臨時動議

一、鹽政局請速內運存印鋼繩案

議決：

存印鋼繩提運牽涉整個租案物資，每日雖已核定空運頓
位，未能起運，應由鹽政局趕速另向美國現款購買，海
運上海濟用。

二、衛生署提美紅十字會捐贈我國藥品十噸該會願付
　　運費由印空運入國案

議決：

續辦十一、十二兩個月空運如能超出原定運量時，即予
內運。

三、中航機■■由印陸續內調擬利用頓位裝運印度物
　　資入國案

議決：

在裝運中航公司本身物品、人員以外所餘頓位，可予
利用。

航空委員會駐印辦事處
業務報告

航空委員會駐印辦事處業務報告

民國 34 年 6 月至 11 月

林偉成少將

　　竊職奉命抵印以來，即赴各處視察，並謁訪英、
美、印各當局，皆獲接見，頗蒙禮遇，相信在鈞座威名
遠播與督導之下，將來工作當可順利推進。查本處業務
側重於器材、飛機之接運、催查、保管，及過往人員之
照料、對外交涉等工作，過去因人員較少，素質較低，
組織機構不健全，業務不分，專責無人，一切多未按照
本會規定辦理，且此間環境特殊複雜，對英、對美不能
輕此重彼，又不能雙方同時併進，處處仰給於人，受制
於人，物資之轉運其緩急之權，亦不在我，而本軍一部
份人員在印又不知自敬自重，表現大國強民之豐度，迭
犯外人禁例，毋怪外人對我輕視不相信任，國體及外交
均受影響，謹就管見將本處之業務、人員、組織各方面
之現狀及改善各點，分別條陳於後，敬乞鈞察。

第一章　器材業務

總述

　　本會印境業務以器材洽運為最繁複，一切 CDS、
UTC 物資由美運抵印度，統歸美軍 SOS 辦理提貨、存
庫、轉運入國等一切運務工作，我交通部駐印總代表在
運輸業務上代表各機關辦理與美軍接洽、查詢、配運、

催運等工作。此外，以現款購買，託由福公司代為轉運
之器材，到印後由福公司辦理，至卸存轉運業務仍由交
通部總代表出面與之接洽。

　　美軍運輸歸其 SOS 辦理，其總部設在德里，各區
分設庫棧，我交通部總代表亦駐德里，其所轄之東區代
表駐定疆（狄普魯迦），副代表駐加爾各答，其西區代
表駐卡拉齊，並於孟買附設辦事處，復興公司在加爾各
答及孟買各駐代表一人，福公司駐印總公司設在加爾各
答，其運輸業務委託英轉運商（COX AND KINGS）
行代辦，各處有分公司或代理人及庫房。在此錯蹤複雜
之體系機構中，駐印各機關辦理洽運事宜，原則上須委
請交通部總代表出面接洽，但為便捷起見，各區內各機
關代表均斟酌情形，就近直接隨時洽詢。

　　印境運輸業務沿革可分為四個階段：

（一）運統局自辦時期

　　　　自三十一年一月至年八月底，當時因仰光吃緊，
　　　　美到貨輪轉口加埠卸貨，由中緬局派員隨輪來印
　　　　開始，隨後交通部總代表處正式成立，在此時
　　　　期內一切器材之運轉存倉業務均由交通部直接
　　　　辦理。

（二）史迪威將軍接管時期

　　　　三十一年九月一日至卅二年九月，交通部奉令
　　　　將一切 CDS、UTC 器材儲運業務移交美軍 SOS
　　　　接管，在此時期內，美軍部有權將我方物資移
　　　　用，以應北緬戰事、公路建築及訓練遠征軍各
　　　　方面之需要，此時物資最難清理。至 AAC、CT

現購器材則由福公司辦理儲運業務。

（三）航委會與 Hoot 將軍航空器材補給協定時期

自三十二年十月至三十四年二月，此時期內本會
之 CDS 航空器材統交美空勤部 ASC 集中，其他
CDS 及 UTC 器材之儲運業務，仍由美軍 SOS 辦
理，AAC、CT 等現購器材仍由福公司辦理儲運。

（四）美後勤部新協定時期

自三十四年三月一日起，儲運業務仍如第三期
辦法辦理，惟配運入國歸生產局規定噸位分配
比例，並會同美軍 SOS 之 CDS 組審核內運物資
種類。換言之，即整個印境收貨、發貨及空運入
國之運輸存儲統歸美軍印緬區司令部全盤統籌辦
理，各單位失卻單獨行動之立場。至福公司代運
器材亦在此統制範圍之內，因之今後運輸業務除
聽取美方進貨、出口貨報告外，一切催運、查貨
工作均更較為困難矣。

關於器材方面性質與沿革已如上述，茲將此範圍內
較為重要問題，根據四月底召集各處專員在加會議紀錄
提陳左列各項：

第一節　運輸（進口轉運內運）紀錄及表報等工作
第二節　印境器材中轉之洽辦工作
第三節　印境器材之存儲保管
第四節　入國空運噸位份配及配運工作
第五節　改裝工作及裝箱單問題
第六節　器材中轉時發生損失及交涉賠償
第七節　美軍移用及集中器材紀錄清理工作

第一節　運輸紀錄及表報工作

（一）現在辦理情形

紀錄來源

因本處不辦實際運輸工作，故運輸紀錄之來源係間接自駐印交通部、復興公司及福公司等各方面轉送而來或探詢而得。CDS 及 UTC 物資由美運抵印度口岸，交通部或復興公司代表根據船訊及美方寄印之 CDS、UTC 運輸文件，將到達物資之名稱、數量、箱記等列表轉知本處或分處，此項物資在印轉運時由美 SOS 列單通知交通部總代表處，再由該處轉知本處，或由交部各區就近直接通知。

福公司代運 AAC、CT 器材到印之時，每次由中信局，或直接由華昌公司寄來，各單據寄本處，由本處將此項單據交交通部代表處登記後，連同入口證轉發福公司提運定江，再由交通部代表處將運輸情形通知本處。

所有 CDS、UTC 及福公司器材悉轉運至定疆，出口器材運到定疆後，及由定疆美軍裝機空運入國時，交通部東區代表辦事處根據美軍及福公司通知，將到達及出口器材紀錄通知本處定疆分處，同時該分處亦向交通部東區代表辦事處或美 SOS、復興公司及福公司各方面查核。

登記及表報

總處及各分處根據上述各項紀錄編製物資進口轉運內運及存儲登記，並隨時報會，並於每月底由

總處彙齊各處上述月報表呈會。本處一向以人手
較少,僅能辦理此項表報之整理及核對工作,
有時尚感迫促,故登記頗感不全。卡、孟分處現
以存貨有限,且少到貨,故易於登記,定疆方面
現用卡片逐項登記。

(二) 困難之點

收取各方面之運輸報告,在前述錯縱機構之情
狀下,遂形混亂,有一事而得數起通知,致紀錄
重複者,有各處均漏通知者,核對非常複雜困
難,各機關之通知表報且時因來源未詳盡而致有
忽略之處,或因輾轉抄送發生訛誤,以致以訛傳
訛,故辦理器材運輸紀錄工作上所感覺之最大困
難,有如上述:

(一) 紀錄整個漏列,

(二) 紀錄內有漏略項目,

(三) 紀錄內之錯誤,及

(四) 通知太慢。

又物資在印轉運之直接紀錄,係由美軍 SOS 辦
理,據交通部代表處告知該 SOS 之紀錄本身已屬
不甚完整,不盡準確,交通部須待美 SOS 之通
知,各機關須待交通部之通知,如此偶有某批器
材已啟運兩三個月後,物主機關方接通知,各機
關代表急於查明運輸情形,遂自行向交通部代表
處或受託直接辦理運輸之機關探詢情況,因此
整個印境各機關間終日紛紛紜紜,輾轉催詢,
全盤失卻主動地位,而運輸紀錄亦遂難免混亂

殘缺矣。

（三）改進意見

目前第一步先求整理本會名下現存印境存轉待
運之器材，全部紀錄工作本極蕃繁：

（一）先收集運輸紀錄之材料，

（二）再整理加以核對，

（三）再逐項登記並應用卡片制，

（四）按照會令格式隨時逐月造表報會。

此項工作完成，能經常維持後，再將已往紀錄
加以清理，以期得到一準確之統計，或至少近
於準確之統計。本處添派專司器材紀錄之人員
辦理此項登記表報，並飭各分處按照此計劃切
時改進，必要時指派人員赴各區專責辦理清理
貨帳工作。

至印境各區運輸通知，已飭各分處隨時查詢，
通知收貨機關及本處，以求紀錄迅速。

第二節　印境器材中轉之洽辦工作

（一）現在辦理情形

物資到印起卸或在西岸或在東岸，而入國路線
必經定疆，故各區物資均須轉運至定疆，此係
必然路線，美軍 SOS 及福公司轉運吾國物資自
必循此途徑。查定疆本會名下現存器材數量已
達三千噸，而內運入國噸位目前平均每月四十
噸，以前最高達到二百餘噸，以後如何尚難預
料。目前情形，美庫存貨山積，再據福公司通

知，其代理人 Cox and Kings 庫房亦已貨滿，本
處遵照會令，各港口收到物資應速催運去定，並
隨時催請交通部總代表處及福公司轉催速運，事
實上往往難能完全辦到，以致各地存貨有達兩
三年之久者。

（二）困難之點

（a）美軍 SOS 印境運輸有其整個計劃與程序，
對於此項零星催運，大都置之不理，有時
答復交通部總代表謂航會存定貨物已甚
多，不必再運，以免擁擠云云，致難以措
辭答覆。

（b）福公司代辦之器材，係由該公司委託 Cox
and Kings 辦理運存我方，催運須隔一層手
續，故進行甚慢。

（c）貨到定疆，因前述紀錄通知輾轉費時，故
定分處事前往往未得情報，貨到後核對工
作頗感困難。

（三）改進意見

現存定疆器材已近三千噸，其餘散處東西口岸
及中轉站者亦不下二千噸，定疆空運入國噸位
本會現攤到百分之四，今年來平均每月約四十
噸，故擬遵會令將特急器材催運去定外，其他
器材則暫不催運。現在中印緬區戰局已大改舊
觀，將來運輸途徑及補給政策想中樞當在周密計
劃，如現在將器材悉數運定疆，恐不特定疆存儲
發生問題，而將來或須轉口之時，更須回頭運

送。希望鈞會能早有整個計劃指示，以便遵循。

第三節　印境器材之存儲

（一）現在辦理情形

美庫一切 CDS、UTC 由美整批輪運來印之物資，統由美軍 SOS 提取存入其各區庫房之內，本會 CDS 案內之航空器材按照補給協定，由 SOS 撥交空勤部 ASC 管理，此項器材均被集中開箱分類，存庫候運昆、渝，其他器材仍由 SOS 庫儲存，此項軍庫散設各地，美軍為保守軍機起見，除少數庫房美方發給特種通行證外，不讓他人過問查看，因之即交通部駐印代表處職員不能直接查驗庫存器材，故器材實物情況我方均感非常隔膜。

自存加爾各答方面 UTC 一部份器材，由美裝本會新機飛印後，因換裝他種本會急需器材，致在印加爾各答卸下之後即由本處接收帶回宿舍庫房存放。定疆方面本無自存器材，自大會與美軍洽定，將 A29、P40、P43、P66 等機配件轉移吾方之後，美庫陸續將該項器材移交定分處接收。此外，另有其他口岸發運本會器材至定，因便利運輸關係，箱面上標有交 Major T. S. Lin 者，定疆美庫於收貨後亦轉送定分處接收，存於定分處之 KANIJIKOA 之庫房棚地上，因事前未悉有此趨勢，故所蓋草棚院地均係臨時應付，不夠庫房條件，本年四月中定疆風暴草棚

吹倒，現在撥款飭修中。

福公司庫棧，福公司經辦器材到印之後，由福公司委託轉運公司 Cox and Kings 公司提貨，存放在福公司自辦倉庫或 Cox and Kings 公司堆棧中，本處可以派員前去查驗，惟福公司代辦許多機關物資，而 Cox and Kings 公司更有其他主顧存貨，以致查驗有時亦感困難。最近定疆區內福公司及 Cox and Kings 公司之倉庫均告貨滿，本會續到定疆器材有時，該兩公司互相推諉，情況欠佳，在交涉中。

（二）困難之點

（一）美庫所存器材本處無權查驗實物，以致無法與所得紀錄核對。

（二）定分處所設臨時倉庫不夠存放大批器材之條件，且人員亦不夠。

（三）改進意見

關於美庫存貨責任及管理事權已交美方，除得其通融及必須檢驗外，亦不必多事檢看。關於定疆分處之庫房問題，業已撥款飭即修理，並添設專責人員管理，但如各埠所存之兩千噸陸續運定之後，原有庫地決不敷用，解決辦法須視第二節內所提關於整個印境運輸政策決定之後，則應否大規模設庫之問題可以迎刃而解。至於加總處之存貨，小件較多易於付運，故不致有問題。至於鈞會飭查報某一批某一件器材所在地點，因美庫間時有轉移，大多數無法查明，不過

可斷定其在印境美庫中而已。併此陳明。

第四節　入國空運噸位分配及配運工作

（一）現在辦理情形

定疆內運入國之空運噸位，目前係由生產局優先
會統籌分配，本會仍佔總運量百分之四，約計
四十噸，所有各機關在下月內配定空運物資清單
應於本月十八日以前送達定疆交通部東區辦事處
彙轉美軍，由美軍照單配備送往機場裝運，而同
時美軍 SOS 接到此項清單，又有權審核各物資
何者可運、何者不可運。

鈞會寄發逐月配運物資清單，定分處有時收到
較遲，補救辦法，現由分處每月分三次選配，
暫以上月噸位機數先配三分之一，按期造單送
轉，俟接到會配清單後，再如數配足。如仍不
足，於第三次送單內補足之。

有時鈞會飭提前裝運在加爾各答自存庫中之特
級器材，本處當遵將該項器材預先裝上內飛之
中航機上，此項臨時添裝噸位數量按照規定辦
法，須於定疆所配運噸量內扣除之，易言之，
定疆方面須少運相等重量之器材。

此外定疆與宜賓間，中航另有飛機經常來往，
每月約有三百噸位，此項噸位算入中航內運總
噸位內，不在額外，其優先次序如下：

（甲）中航油六十噸，

（乙）兵工署一百六十噸，

（丙）航委會卅二噸，

（丁）中行鈔票四十八噸。

運完（甲）項再運（乙）項，依次輪推，因班數較少，常有輪不到之趨勢，故以配入定昆線噸位內較為穩當，除規定之應得噸位外，另有美空運處 ATC 代運、本會新機帶運本會器材入國，此項運輸 ATC 方面不注意詳細紀錄，內容籠統，查核較難。

（二）困難之點

（a）空運噸位不足問題，定疆發運物資由美庫彙集機場逐日裝運，如本會有某一批器材排在月底裝運，而適逢是日氣候惡劣停止起飛時，則是月份實運數遂達不到配運數。

（b）臨時接到鈞會飭急運器材，在加添運之後，定疆方面必須臨時減去等重之數，因定分處不明所配運之各項物資何者可以暫時混運、何者萬萬不可剔出，同時又因必須減去等重之運量關係，致無從根據決定取捨，事後易受鈞會之責備。

（c）中航每月預定噸位往往因天氣及機械原因，其月底總結之數常有短少，因此難期達到規定配運之噸數。

（d）實際上各機關結算各月實運數，較之原訂分配比例或短或超，時有出入，由優先會決定每月結欠差數概不補足，如遇本會有結欠差數，亦只可作為損失，不能補足。

（三）改進意見

關於內運噸位之分配，因在本處職權以外，姑置勿論。配運方面擬切實遵照配運計劃，除有臨時鈞會飭運需要特急器材之外，仍以按照每月送出之配運單裝運，以免淆亂。此外，並希望能設法先行運足噸位，以免月底結算不足。至美新機帶來器材過印時，當飭技術員嗣後詳加點查，列入報單之內。

第五節　改裝工作及裝箱單問題

（一）現在辦理情形

印境滯積物資為數龐大，而且有存放三年以上由緬轉印者：

（a）印度氣候潮熱，箱包易起霉爛，尤以加城、定疆兩地陰雨季內為甚，需要改裝。

（b）大箱機件無法裝進飛機內載運者，需要拆裝。

（c）液體材料因輾轉裝卸，受傷或銹爛，致聽桶滲漏者，需要換桶。

美軍經管器材其屬於（a）類及（c）類者，已酌量加以改裝，因係管庫方面之業務，並不通知我方。在本處及分處自存之器材其發生（a）或（c）類現象者，均派技術員改裝。福公司方面保管物資其發生（a）類及（c）類現象者，如其存放地點較近本處或分處者，視情形或派員前往會同改裝，或者改裝後派員前往驗看。定疆方面自存器材發生（a）（b）及（c）類現象者，則由定分處

自行辦理改裝。其在美庫經管之大件器材，在配運之前則會商美庫辦理拆裝，定疆起運之器材如有箱件不堅，美軍不予接收交運。

裝箱單問題，CDS 物資本處向無裝箱單，UTC 及福公司物資本處接有裝箱單，卅一年間曾請轉知美方購材料機關洽飭物資售主在箱內或箱外加附裝箱單，此事未知已否完全辦到。至於改裝拆裝之後，常有將裝箱單遺失，致國內收貨部分於開箱時無法點核，而近來亦時奉鈞會電索寄裝箱單，可見此事各方面尚未達到辦理妥善之境。

（二）困難之點

（a）關於改裝及換桶問題，因每次須呈請辦理，時間一延，損失更大。

（b）印境器材散處各地或壓存倉底，照顧極難週到，因之仍有箱包破壞、物資短損而未經發覺者。

（c）不經本處辦理之改裝箱件，於改裝時或將箱單遺失或未將破損箱件之實存器材重列清單附入箱內，致將來無法核對。

（三）改進意見

（a）擬授權本處及分處，嗣後發現自存器材箱桶損壞時，立即改裝或換桶，所需工料准於事後報銷，不必每次請示。

（b）責成負責保管自存器材之員司經常翻倉檢視，見有改裝換桶之需要時，立即辦理。

（c）改裝之後應另造改裝清單簽字蓋章，連同原
　　　裝箱單妥裝箱內，並已商請福公司照辦。

（d）總處應添加打字員，即將 UTC 及福公司器
　　　材箱單複打多份，分寄鈞會及昆方收貨人
　　　暨定分處，俾便查核。

第六節　器材中轉時發生損失及交涉賠償

（一）現在辦理情形

器材在印境中轉運輸，偶有發生損災及遺失情
事，其發生原因由於：

（a）卅一年間到貨擁擠，印境辦理運輸之機構
　　　未臻完善，人員更調頻繁，因之發生誤運
　　　而致遺失。

（b）三十一年九月美軍接收 CDS、UTC 物資運
　　　存業務時，制度未周，人員不足，致多零
　　　亂，且有被美軍隨意取用，未存紀錄無法
　　　查考，而致遺失。

（c）物資長途駁運，裝卸箱包震壞，招致部分
　　　損壞及短漏情事。

（d）器材之有時間性及化學作用，因久存受氣
　　　候影響而致損壞、蒸發、變質。

凡此種種損失，本處於接到通知時，即請交通部
駐印代表負責向承運人確定責任，交涉賠償，
但往往因轉接太多，交涉經年仍無結果。譬如
福公司經運某項器材，於中轉時受到損失後，
先由鐵路局通知福公司之代理轉運行 Cox and

Kings，該行再轉知福公司，福公司再轉知交通
部代表，交通部代表再轉知本處，公事轉接甚
費時日，交涉進展自難迅速。

至美軍經運物資，在加爾各答至定江段鐵路，
因由美軍自行管理，故由美軍負責。其他鐵路
收運 CDS、UTC 物資係由美軍與鐵路公司訂有
合同，給予優先及軍運專價，倘有損，例由貨
主負責，美軍方面但求運輸迅速，對於損失不
加注意，加定段鐵路列車時有翻車出軌之事，
故損失亦不少。

（二）困難之點

（a）因不能自行辦理實際運存工作，對於減免
損失一節，只能輾轉洽請，終鮮成效。

（b）確定責任，交涉賠償，亦因輾轉委託關係，
實無法迅速解決。

（c）美軍因物資來源無盡，而作戰需要急迫，
只求迅速運輸，早赴事功，對於部分損失
並不注意，更不願多費心力調查責任，其
觀點與我方迥異，因之交涉困難，且有影
響業務聯絡之虞。

（三）改進意見

（a）在本處及各分處權限所及之自存器材範圍
內，當力求妥善管理，減免損失情事。

（b）不由本處經管之器材，其有發生箱桶不固
時，隨時洽商經管方面改裝換桶，以減損漏。

（c）交涉賠償辦理文稿時，務須週到，將應付

文件單據調齊送發，勿再使往返詢問，虛
耗時日。

（d）其因時間、氣候及化學作用所產生之損
漏、蒸發、變質，因責任難以判明，交涉
無益者，酌情准予登記備案。

第七節　美軍移用集中及統制

（一）現在辦理情形

以前史迪威將軍因北緬作戰、訓練遠征軍及趕造
利多公路三種關係，曾在我存印之全部 CDS、
UTC 物貨內移用大量軍械器材，其辦理情形及
移用器材清冊迭經呈會，此項統計內有一部份因
由美軍開箱分項列冊，故與我方原單所列頗有出
入，不相符合，及未明物主等情形，此事當由交
通部總代表處清理。

按照航空器材補給協定，本會名下 CDS 之航空
器材，統由美軍 SOS 撥交 ASC 集中開箱，分類
貯運，以應中美兩方之共同需要，凡此被集中之
器材，統由美方開單送交通部總代表處分發各有
關單位，美方清單均係於開箱分類後列編，對於
我方所著重之申請單號、輪期、箱記、價值等項
多予省略，且因 CDS 物資印處向未接到裝箱單
及發票，致本處無法核對，故只能將該項及中
器材清單轉呈鈞會。

（二）困難之點

（a）美軍移用統制及集中之器材，因美方清單

與我方實數不易核對關係，雖由各機關設法清理，但尚難達到清晰地步，因此對於鈞會飭查其某項器材集中情形或交涉發還之案件，感覺棘手。

(b) CDS 物資之被集中後，協約規定在美申請租借款內將物價扣除，印處因此無法查明價值，無從造報，且美軍及交通部代表處俱認為此項器材轉賬工作應在美國華府方面，依據項目數量辦理，故對於印處查詢價值，一切皆不感興趣，故難於得到已被集中器材之價值。

(c) 誤被集中之器材，往往於事前無法探明，事後或已被美軍開箱分類發用，印處交涉亦僅能託由交通部代表代為交涉，每多無效。

（三）改進意見

關於以前史迪威將軍移用物資，現由交通部總代表處設法清理，本處自當設法協助，如確實無法追償，則請由鈞會設法通知，在華府方面轉帳，以資結束，似較有利。至集中器材，交通部總代表屢經商請美方於列單時注意我方需要之按註，漸在改善中。至於查註價值，擬仍請鈞會統籌辦理。此外：

(a) 清單轉送務求迅速，其應加以說明者，應詳細註出。

(b) 誤被集中之器材發生後，迅即交涉交還，並促美方注意，力求避免此等情事。

以上兩點當設法洽轉，求其辦到。

第二章　新機裝配及接收內飛業務

（一）現在辦理情形

　　本會新機到印後之裝配檢查及試飛工作，概由美軍辦理，以前裝配地點係在卡拉齊，現在改在距加爾各答西北一百二十餘里之安都機場裝配，現有新機係 P-38 及 P-51 兩項，P-38 係撥給本軍偵察隊接收，P-51 一部份撥給中美混合隊，一部份撥給本軍第四大隊。凡撥交中美混合隊之新機點驗接收，統歸美第十四航空隊負責，不歸本處辦理。至撥交四大隊之新機，在安都裝配一批完成之後，國內派到接飛人員到加，本處即派技術員陪同去安都辦理接洽，檢查接收試飛，洽取隨機工具及必需之器材，並編機號等工作，包括駕駛室之檢查，各項儀器之校對，隨機工具設備之移交。新機自安都起飛後，美軍方面與其取道所經各機場均有通訊聯絡，但安都方面本軍並無電台，本處所派之技術員於起飛後，即須趕回加埠發電通知定分處及昆、渝方面以取聯絡，定疆起飛前先得駐定氣象台之氣候報告，起飛後由定區電台通知昆、加兩處及報會。撥交第四大隊之 P-51 共計 48 架，截至目前已接收 27 架，尚有 21 架在陸續裝配中。

　　至由美 ATC 派員駕駛本會飛機到安都後，本

處亦派技術員前往詢檢裝貨情形，如須添裝或換裝，則在安都或洽將新飛機停加埠之 DUM DUM 機場裝卸，仍由 ATC 駕駛員飛昆明後移交本軍。

（二）困難之點

安都本會無電台，故新機起飛後之通訊聯絡工作不免感覺遲慢，往往飛機已到定疆，而定分處尚未得到飛報，以致定分處照料較為困難。

（三）改進意見

在目前如新機數量不增加時，此項通訊問題尚不嚴重，如仍有大批新機來到，似可將爪德波或阿拉哈巴之電台移置安都。此事擬請鈞會斟酌定奪，目前已飭定分處加強與美機場之聯繫，探聽此項情報。

第三章　照料過境人員業務

總述

查印度來往邊境人員，包括：

（1）派往本會駐印各單位工作人員，

（2）官校學生，

（3）赴英美實習及聯絡人員，

（4）由英美回國人員，

（5）其他本會因公過往人員。

因過往人員絡繹不斷，而且時有大批人員數達三、四百人，因之此項照料工作成為一具有單獨性之繁重業

務，由國內來印人員或在定疆下機，或在加城下機，由外洋到印人員則在卡拉齊、孟買或加城下機或上岸，相反方向之離印路徑亦然，至在印中轉，或乘火車，或乘英、美軍機，或乘中航及印度航機，均遵照會令辦理。

至過境人員之公差旅費、治裝費等各費之發給，均遵照會頒各項辦法妥慎處理。

此項照料業務性質尚屬簡單，惟因接洽對象或英或美，交通工具有飛機、輪船、火車種種，往來人數時多時少，路程方向或東或西，因之目前日形繁劇，本處專司此項業務人員至感不敷，接送人員工作甚繁，所以有時頗有目不暇給之感。茲將關於此項業務內之主要各項分述於後：

第一節　住宿
第二節　給養
第三節　服裝
第四節　火車運送
第五節　飛機運送
第六節　輪船運送
第七節　接洽照料
第八節　攜帶物品檢查問題

第一節　住宿

（一）現在辦理情形

　　　（a）定疆方面，大批人員住本會自建營房，該營房可容二百人，再多則插住美軍營房，少數人員則借住本處各單位宿舍。

(b) 加爾各答方面，大批人員均由美軍營房招
待，現在美軍營房只招待赴美人員，來印實
習及官校學生人員則由英軍營房招待，少數
人員則到加後，或由美軍送往旅館，或由其
本人自尋住處，來印接機人員如屬中美混合
團者，則由美軍照料一切，如屬本軍者仍分
住旅館。
(c) 孟買方面，大批人員住美軍營房，少數人
員則住宿舍或旅館。
(d) 卡拉齊及德里方面，因過往人員較少，均
住分處宿舍內。
(二) 困難之點
(a) 定疆營房只容二百人，已往最高湧到紀錄
為四百人，準備不足，難以應付，致引起糾
紛，且因營房距離城市二十餘哩，如有高級
人員，進出不便，更生誤會。
(b) 加、孟兩地因盟軍來往頻仍，故只能短期
寄住，且須事前預先接洽，臨時安插甚難
辦，至以往間有在此候輪數月者，彼我兩
方均感不便。
(三) 改進意見
嗣後出國大批員生，擬請鈞會分批事先通知本
處，並按當地營房容納量運送，免得一時擁擠，
行期之前預先電知，俾先事準備。加城方面並擬
另找房屋一所，以便安插少數過往公差人員，官
校學生如取道經加城，則事前預洽火車，使其到

達後即換車前進，接機人員儘量設法洽住營房，
以便管理。至由美回國為數較多之人員，現在進
行設法與美軍方面接洽，儘量安插，極力避免住
城內旅館。

第二節　給養

（一）現在辦理情形

過境人員均領有旅宿差費，原則上膳食給養各自
照料，凡官佐住在盟軍營房及定疆自備營房，其
膳食給養係由盟軍供給，每天給還伙食費（英方
二盾半、美方美金一元），士兵供給膳食均不取
費。此外散住旅館者，其所領膳費足敷裹腹。
故大體上給養無甚問題。

（二）困難之點

定疆地方偏僻，運送不便，如遇大批人員驟到，
所領美給軍糧有時不敷，臨時添購食物，時間上
不允許，且地小購買困難，致有所到人員吃不飽
之情，因中美食量不同，故有此現象。至加、孟
兩處，因購食方便，並無問題。

（三）改進意見

定疆方面已飭管理營房官佐會同各批領隊設法
自行添購食料，以補美發軍糧之不足，並洽自
費向美軍購買「K」乾糧。

第三節　服裝

（一）現在辦理情形

軍人出國服裝雖不必太講究，但至少須能保持整齊劃一清潔，以維軍容。

查出國人員不論官佐士兵，均領有治裝費，而且多在印境具領。現在一切人員服裝統歸其本人治理，一般情形，因定疆方面治裝困難，故大部均在加爾各答辦理。過去有不穿整齊軍服出國，致受當地警局及海關之盤查。

（二）困難之點

由國內飛達定疆或加城人員，往往所穿制服既不清潔且有破爛，襯衣亦五光十色，殊欠整齊，或因氣候關係，來時著棉軍服，下機後即須換夏季服裝，到加城者，到後當日即可買到現成軍服換穿，尚無問題，至到定下機者，因定疆城鎮荒涼，不易買到，如轉乘火車赴加、孟、卡、臘等處，則此類身穿不整齊而且已酸臭制服之軍人，處處有辱軍容，殊損國體。不特如此，中航印境機場均有盟邦官吏軍憲駐守，檢查對我國身穿破污制服之軍人，觀感如何，亦殊可慮，且所攜係屬軍人護照，自不應不佩帶階級或穿便服，致成軍不軍、民不民，被外人輕視。

（三）改進意見

出國人員在國內出發時，擬請鈞會責令領隊檢查服裝或籌發適時整潔（帽扣肩章齊備）之制服，其費用於治裝費內扣除，否則停止其出國，

此為上策。如辦不到，則擬在印預製整批軍服存
放定分處，出國人員到後即按名額發其費用，在
治裝費內扣除之。在定應通常保持存備五百套之
數，發給若干即予補充。至出國人員應請鈞會飭
穿整齊軍服，配帶階級，以維軍容。

第四節　火車運送

（一）現在辦理情形

大批員生或低級官兵到達印境口岸轉赴指定地
點報到或受訓，或離印時准乘火車，由本處或
分處向啟程站鐵路運輸軍官 RTO 室接洽預定車
廂、規定行程、具領免費乘車證各事，原則上
官佐可坐頭等車，士兵准坐三等車，惟有時因
乘車人數太多時，頭等車廂不敷分配，則只得頭
等位數個，或雖有頭等票而改坐二等車位者，其
屬整隊人員則乘二等或三等不定。由定乘車人員
通常每人借發軍毯一條應用。按 RTO 係由英美
軍合管者，但英方則常不能照票給予位置，帶有
輕視欺騙之心理，美方對我則較為公道。

（二）困難之點

（a）如遇大批人員，內官佐較多，無法完全安
　　　插，乘坐頭等車廂時，往往引起其對本處
　　　不滿意。

（b）人數太多時，行動不一致，招呼啟程時有
　　　少數不準時到站，致誤車落後者需要重辦
　　　手續，送其啟程。

（c）我方未有專人派在 RTO 照料接洽，故隨人支配。

（三）改進意見

關於（a）點困難，除極力交涉外，並示以會另飭經辦人員婉言解釋，免生誤會。關於（b）點困難，是否應予處分及如何處分之處，未敢擅奪。（c）派定人員專與 RTO 接洽車位並駐站照料來往乘車人員，使與英美方 RTO 人員常在一處聯絡，增加感情便利工作。

第五節　飛機運送

凡過境人員在印境往來，有特急任務或階級崇高者得乘坐軍機及中航機或印航機，統由辦事處代為接洽，其須購票者則代為購票，回國人員統由本處接洽購票乘坐中航機，如持有英美方特許證則請駐印沈專員洽辦，准搭乘英美軍機者倘持有旅行命令（Travelling Order），則由本處轉洽英美方辦理。

（二）困難之點

接洽搭乘英美軍機出國，鈞會令飭在印辦理，但此間因須轉請駐沈專員代辦交涉乘機優先權，並須得重慶美軍部或英美大使館之許可方能在此進行接洽，因之駐英美之中級官員到印後輒擱一、二月之久，時間殊不經濟。

（三）改進意見

嗣後國內派遣前往英美人員，如需要其乘盟方軍機者，擬請鈞會在渝先與英美有關主管機關

洽辦，領此項旅行命令 Travelling Order 並在國
內辦理護照、X 光檢查、注射防疫針等，並洽定
乘機優先權始行出國，以免到印後耽延時日。

第六節　輪船運送

（一）現在辦理情形

由印轉往英美員生，大部份係在孟買及加城上
船，事前在國內向美方領到旅行命令證件，到
印後由本處派員陪同領隊前往美 SOS 接洽輪船
艙位，辦理團體出國簽證。如無該項旅行命令
證件，到印後須轉請駐印沈專員代向美 SOS 總
部申請接洽辦理，如此甚費時日。

（二）困難之點

（a）輪船啟椗日期因關係軍事機密，事前無法
　　　探聽，美方絕不肯預先相告。

（b）盟軍調動頻繁，艙位不夠分配，致有人員
　　　候輪日久尚未能成行情事。

（c）但有時船期迫促，國內人員忽忙趕送，致
　　　在印不及製表。

（三）改進意見

嗣後出國人員應先在國內向美方辦妥旅行命令
及X光檢查、注射及護照等手續後，再向在華美
軍部洽詢船期，一方面電示本處（每一船期均
在兩週前預定），以便根據向美方查明有確切
之船期後，始行起程來印，如此則在印不至久
候，耽延時日。

第七節　接送及照料

（一）現在辦理情形

過境人員住英美營房者，其入境、離境大批人員統由美軍派汽車接送，少數人員則由本處負責，現時關於飛機、火車、輪船，每次均派人派車接送。

過境人員如有公事方面接洽，本處概予協助，在可能範圍內儘量給予交通工具之方便，其發生疾病者則由本處車送美軍醫院調治，其需要住院則給予住院。

（二）困難之點

（a）飛機起飛到達及火車到站離站、輪船之開泊均係時間不定，有在清晨或在夜深，故本處人員派出照料接送者，恆在半天或整日始歸，每日工作無定時，甚少時間休息，而本處及各分處之現有車輛均因地區遼遠，過往人員眾多，照料接送工作繁忙，故感不夠分配，影響工作甚大。

（三）改進意見

車輛方面，斟酌實際情形，暫以現有者及待修者從速修妥，儘量利用外，擬酌增加車輛若干及每處派一明瞭機械能懂檢修之機械士專責保管及檢查車輛，關於擔任接送照料工作之人員，應請增加，以利調派，使有輪流休息之機會，而維工作。

第八節　攜帶物品檢查問題

（一）現在辦理情形

英印政府自加強實物管制之後，對於離印人民出口檢查甚為嚴密，除准攜帶本人隨身應用衣著用品外，其他布疋、飾物、化妝品等均予沒收，本會人機回國，在加爾各答及定江兩處檢查，本處迭將此項檢查辦法呈報鈞會並通知在駐各單位，並對來印接機人員及由印或美返國人員隨時鄭重告知，但加、定兩處被英印海關扣留私帶貨物案件月必數起，尤以接機人員在定被扣物品已有五、六次，定分處現堆存此項第三中隊被沒收之物品已達三、四噸之譜，聞最近回國少數人員，印海關因得情報更要求搜查身體，對我人員不予信任，而我人員事實亦有匿藏挾帶情事被人查覺，似此殊有辱國體、損軍譽，致使辦事困難，對外交涉亦受影響，此事已成印境業務中最嚴重之問題。至武器方面，印政府規定軍官可帶必需武器，軍士及學生則絕對禁止，惟由美返國淘汰學生，恆有發現攜帶手槍情事，因違反印政府規定，自必扣留，發生糾紛。

（二）困難之點

（a）回國人員勢難逐個檢查，其原因：

（1）本處未奉明令檢查各人員。

（2）對於官佐，本處不便搜身檢查。

（b）檢查官佐往往引起誤會，因之易生糾紛或衝突。

（c）定疆內飛新機，每次幾必發生此項扣留物
品情事，致定分處外洽主管人員大有無顏見
人之感，且致其他業務交涉措辭均無力量，
極感棘手。

（三）改進意見

查此事體甚大，解決途徑須各方面同時周密防
制，始有成效。

（a）印境方面

（1）現正詢問英空軍離印回國准帶行李物品
之限制辦法，擬比照後與印政府接洽，
予一劃一之規定。

（2）在各分處各營房貼警告，公佈規定辦法。

（3）交磅行李時，先將攜帶物品開列清單
送處檢查填報，不確及有可疑時，檢
查其身體，接機人員亦同樣辦理，督
責其領隊或部隊長辦理之。

（b）國內方面

（1）出國接機人員及公差人員在出國時，責
令其領隊或部隊長嚴行檢查，禁止攜帶
美金、印幣等現鈔及兌票，偷漏出境。

（2）一秉至公，嚴厲處分此項出事人員，並
將懲處情形隨時公佈，並寄印以便在各
地分處及營房內張貼，以示警惕。

（c）武器攜帶

經印人員除軍官外，其他軍士及淘汰學生請
鈞會通令禁止攜帶武器，駐美辦事處予以檢

查，軍官有攜帶武器者亦予登記，並飭知抵印時須向本處登記，俾有查考，以免中途轉賣，返國後仍需向報到機關繳驗，以免印政府藉口多方留難。

此外由美回國過印人員之物件，已呈請毛副主任通飭一體知照，須於抵印時立即通知辦事處，會請印海關將原物鉛封，以免出境時再被查扣矣。

第四章　軍需業務

（一）現在辦理情形

本處軍需業務以人員較少，且被服務部份與總務方面直接密切相關，故軍需業務範圍僅以金錢為限，茲舉其概略於次：

（A）經常費

本處所需之經常費在卅四年度以前，係由本處編列預算呈會，轉向外匯管理委員會申請結匯，惟自本年度起，所需之經費已由財政部分電倫敦顧大使維鈞及財部駐印沈代表祖同分別向英方洽商，於中英新借款項下在印逕撥，不再結購外匯。目前本案尚未得到解決，業蒙會另由中國銀行匯撥印幣伍拾萬盾，以資接濟。

（B）臨時費

除本處自有之建築購置等外，計可分為下

列各項：

（1）轉發赴英美人員往返用費

本會赴英美人員由國內經印赴英美
時，所需在印期間旅費，印英、印
美段旅費及治裝費，均由本處發
給，由英美經印返國人員所需印境
旅費，亦係由本處發給。此項人員成
批者或單獨者為數頗多，本處發給此
類款項係分批轉發，於每批發畢後即
行列單報會申請結匯。截至本年五月
底止，此項費款計結存美金廿六萬五
仟元、印幣卅七萬七千盾。

（2）轉發航空工業計劃案內出國人員費用

本會現派美實習之機械人員，有一
部份係屬航空工業計劃案內，此項
人員之費用之處理辦法與前條同。
截至本年五月底止，此項費款計結
存美金拾陸萬元，印幣未有專款。

（3）存印物資內運費

本會存印物資之內運，除少數零星
開支外，係交英方之福公司代辦，
關於本會應付該項零星開支及福公
司之「存倉」、「改裝」、「內運」
等費，業於上年十一月奉會撥匯印
幣拾萬盾。截至本年五月底止，計
實支九萬貳千盾，正申請結匯中。

（4）發放來印公差人員用費

本會來印公差人員，除官校人員及接
機人員外，所有旅費、治裝費等項均
由本處支報，尚未蒙撥有專款，所有
過去開支均係在其他專款內撥墊。

（C）代辦事項

臘河空軍官校及卡拉齊基地指揮室所屬人
員往返國內所需旅費，及接機人員經過本
處及所屬各分處駐地，或在安度訓練時所
需費用，均由本處代官校及基指室墊發，
此項業務所佔本處人力時間頗為不少。

（D）各分處

本處現有定江、卡拉齊、孟買、德里四分
處，但各該分處經費方面並非獨立，所有
經臨費開支（類別與本處相同），本處匪
特須為之審核，抑且須為之編報。

（二）困難之點

（A）軍需人員不夠

本處軍需業務，以言地域則遍及全印，以
言內容則包括至廣，此與一般機關只有本
身經臨費開支者不同，故軍需員額之多
少，不能單以本處全體人員之多少為比
例，現行編制只有四人，均留總處仍嫌不
夠。其他分處除定江及卡拉齊有軍需附員
各一人外，其餘均無軍需人員，業務自難
期妥善。

（B）各分處經常費無單獨預算

本處所屬各分處因無單獨之編制，故亦無
單獨之經常費預算，經費開支難於控制。

（三）改進意見

（A）軍需員額之增補

本處軍需業務人少事繁之情形已如上述，
業經擬定新編制表一份另呈，敬乞俯准並
遴選幹練人員負責，且對於英文具有相當
基礎之軍需人員照額補足。

（B）各分處經常費予以單獨之預算

本處所屬各分處分駐全印各重要地點，單
獨執行業務，現正請求予以單獨之編制，
俟該項編制確定後，擬請予以單獨之經常
費預算，以控制其開支。

第五章　人事業務

總述

　　查本處成立於民國卅一年七月一日，首任處長為
羅惠僑氏，迄至今（卅四）年二月，職始奉鈞會命令調
長本處，接事伊初，因感現行編制表內（按係指卅四年
鈞會制乙渝第 262 號代電本處之修正編制表）無分層負
責單位：

（一）不論繁簡輕重業務，咸集處長及副處長身上，此
　　　不但督導不便，常有欠週詳之虞，且業務易起紊
　　　亂，影響工作效率尤大。

（二）英、美、印等機關對我業務交涉，因本處無分層
　　　負責單位，不知某項業務由某人負責交涉時，均
　　　以處長為對象，而實際接洽者多為低層單位之負
　　　責人員，本處應以技術員及聯絡員接洽辦理。

惟盟軍機關內部均分有單位，我向其交涉可向主管
業務單位商洽，而外人向我交涉則逕行向處長或副處長
交涉，如此不但顧此失彼，且雙方交涉人員地位懸殊，
有失身份，而外人亦覺困難，且我所派接洽人員，其負
責者又無相當名義，以致交涉時往往發生困難，不能達
到預期效果。職有見及此，乃即按本處之業務及需要，
暫分為技術、總務、經理、文書等四組，分處則分技
術、總務兩股，指派幹員負責擔任幕僚勤務暨組務，俾
對外接洽便利，期無隕越。茲謹將辦理情形、困難之點
及改進意見分別條陳如左。

（一）現在辦理情形
　　　根據現行編制，調處任職之現有人員中，依業
　　　務範圍作臨時之分組，詳見附表。
　　　（一）航空委員會駐印辦事處業務暫行分配表。
　　　　　　本處各分處依現有人員業務作臨時分股，
　　　　　　詳見附表。
　　　（二）航空委員會駐印辦事處分處業務暫行分
　　　　　　配表。
（二）困難之點
　　　自按現行編制人員內從業務上作分組（分股）
　　　後，計有如左利弊各點：

甲、利點

(a) 做到制度化——指揮、督導、管理、傳達等均感便利靈活，收到層層節制之效。

(b) 做到專業化——各組本身業務有精密之分工，無以前之紊亂，每人掌管一部業務，貫注全神，發揮工作最大效率，而對外及外人對我交涉均稱便利。

(c) 主官減省無謂操勞，集中精力作興革之大事。

乙、弊點

(a) 現有任職人員不敷分配，致負責者仍須與其他人員兼辦對外工作。

(b) 負責人員擔負外勤時間多，致督導所屬仍欠週詳及不便。

(c) 負責人員依業務需要與外界應酬絕難避免，惟本處對臨時指定之負責人員則無交際費之支出，致業務進行甚感掣肘。

(三) 改進意見

甲、對現行編制實施業務擬與改進，如左各點：

(a) 在本處編制未更改以前，擬照左表所列給與現時指定負責人交際費，藉視區分。

單位	職別	給與數目	備考
本處	參謀	貳百盾	（一）參謀為參贊處務之唯一幕僚，舉凡擘劃作戰、情報、受訓、視察及代表本處對外交涉聯絡等，均為其主要工作，因業務需要而與外間作正當應酬，自不能不給交際費，以使其業務圓滑進行，且可發揮其工作效率。
	技術組組長	貳百盾	
	總務組組長	貳百盾	
	經理組組長	貳百盾	（二）各組長（股長）因須負責每組業務，國外情形特殊，正當交際因業務之需要，自所難免，如給與相當費用，不但業務上有以輔助，且可提高其服務精神。
	文書組組長	貳百盾	
	聯絡員	壹伍〇盾	（三）聯絡員均為對外業務之聯絡，亦時有應酬，視其工作之需要亦請核給之，技術聯絡員包括在內。
分處	股長	壹伍〇盾	
	聯絡員	壹伍〇盾	

（b）增設額外人員

  1. 奉鈞會卯卦一渝電悉，查印緬區空軍修護司令部及 AGRA 新德里等地，均須增派聯絡員俾便加強與美方聯繫。至派遣低級幹部人員在印工作，以照顧在各碼頭、庫房、機場之運輸接收事務一節，竊以此間情形與國內迥異，對外交涉聯絡，如派遣低級人員擔任與外員接洽，不但不便，且難服行勤務，如階級過高，則與外員較低級者接洽，是亦有損本軍地位，故應與外員相當階級之人員為宜。職是之故，如本軍若派遣上尉至少校階級英語精通之人員來印擔負此項職務，最為理想。

2. 現行編制內查無祕書之設，惟本處文書業務蝟繁，且對公文之處理復須諳通中西語文者，方能勝任愉快，如無相當名義及待遇，實難找得適當之人員。

3. 本處翻譯業務繁冗，現僅有二員擔負本處及分處之翻譯工作，印境幅員遼闊，而本處中西公文之翻譯又極廣泛繁冗，僅以二譯員充任翻譯工作實感困難，且須擔任過往人員之英語翻譯及照料工作。

4. 本處自實行分組工作以後，各組因缺乏司書人員對公文之處理及卷宗之保管登記，諸多不便，目前在本處服務之司書僅有三員，亟感不敷分配。

基於上述，適應本處業務之需要，擬於現行編制未修改前准予照左表所列增加額外人員：

職別	階級	員額	備考
聯絡員	上尉（少校） 同上尉（少校）	貳	派赴印緬區空軍修護司令部及新德里等地與美方聯絡。
祕書	少校（上尉） 同少校（上尉）	一	主持本處文書業務必須諳通中西語文者。
翻譯員	同上（中）尉	二	充任中西公文之翻譯及協助照料人機過境，必須精通中西語文者。
司書	同准尉	三	派赴本處各組擔任文書工作。
統計		八	

（c）補充編制內空額

本處業務範圍廣泛，欲使辦理完善，
按現有人員實不敷分配，擬予照左表
所列，補充編制內空額：

單位	職別	待補員額	備考
本處	專員	一	主持分處業務。
	參謀	一	擔任本處幕僚業務。
	聯絡員	二	照料人機過境，服行外勤聯絡工作。
	事務員	一	擔任本處庶務工作。
	司書	二	現正另文呈請調補中。
合計		七	

乙、修改本處現行編制表

查歐戰已結束，對日作戰已屆決戰前夕，
盟國為爭取最後勝利，擊敗軸心最後一環
──（日寇），則其對我物資之增援自必較
前大量增加。印度為目前輸入我國物資必
經之孔道，在遠東戰事尚未結束以前，今
後本處業務有增無已。為適應未來之環境，
依現在及未來業務之需要，對於現行編制
擬請准予修改，如下各附表：

（三）航空委員會駐印辦事處組織系統表。

（四）航空委員會駐印辦事處分處組織系
　　　統表。

（五）航空委員會駐印辦事處編制表。

（六）航空委員會駐印辦事處分處編制表。

附註：

本處按編制現有人員與請調人員比照表，如
附表（七）所列。

附表（一）航空委員會駐印辦事處業務暫行分配表

```
處 長        ┬ 專員
副處長        │
             │                    ┌ 聯絡
             │                    ├ 購料
             │                    ├ 配運
             │                    ├ 改裝
             │         ┌ 技術組 ──┼ 驗收
             │         │          ├ 接收
             │         │          ├ 裝卸
             │         │          ├ 運輸
             │         │          ├ 保管
             │         │          └ 表報
             │         │          ┌ 聯絡
             │   ┌ 計劃 │          ├ 照料
             │   ├ 作戰 │          ├ 給養
             └ 參謀 ┼ 情報 ┼ 總務組 ──┼ 交通
                 ├ 訓練 │          ├ 油料
                 ├ 視察 │          ├ 採買
                 └ 聯絡 │          └ 庶務
                       │          ┌ 預算
                       │          ├ 計算
                       │          ├ 出納
                       ├ 經理組 ──┼ 保管
                       │          ├ 審核
                       │          └ 購置
                       │          ┌ 文書
                       │          ├ 翻譯
                       └ 文書組 ──┼ 譯電
                                  ├ 人事
                                  └ 典印
```

附表（二）航空委員會駐印辦事處業務暫行分配表

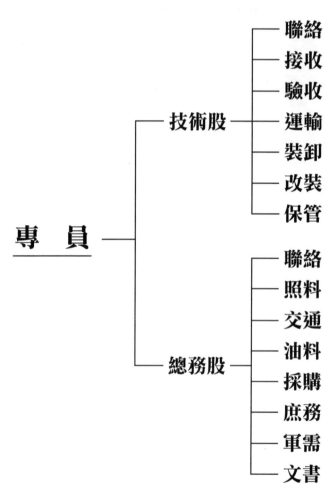

附記

1. 定江、卡拉齊兩分處，業務最為繁重，故按本表實施。
2. 新德里、孟買兩分處，業務較簡，未按本表實施，仍維持現狀。如附表（二）A 所示【本表缺】。

附表（三）航空委員會駐印辦事處事務組織系統表

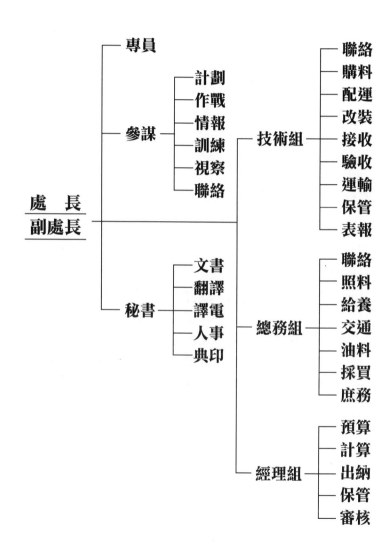

附表（四）航空委員會駐印辦事處定卡兩分處組織系統表

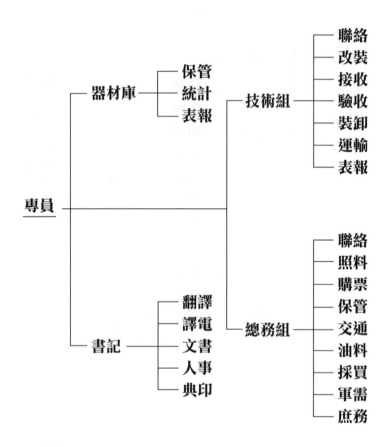

附記
1. 定江、卡拉齊兩分處業務最為繁重，現行本處編制，不適於分處業務之推進，擬予更改如本表實施之。
2. 新德里、孟買兩分處業務較簡，其編制擬予如附表（四）A所示。

附表（四）A　航空委員會駐印辦事處德孟兩分處編制表

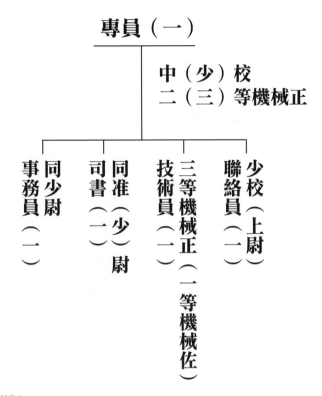

專員（一）
中（少）校
二（三）等機械正

聯絡員（一）
少校（上尉）
三等機械正（一等機械佐）
技術員（一）
同准（少）尉
司書（一）
同少尉
事務員（一）

附記
一、專員綜理分處一切業務。
二、聯絡員協助專員辦理對外聯絡交涉事項。
三、技術員協助專員辦理分處有關技術上事項。
四、司書辦理文牘兼管經理事務。
五、事務員協助專員辦理照料人機過境及分處一切庶務
　　事項。
六、車輛輛數、駕駛士及公役等名額等級，視業務需要
　　另定之。

附表（五）航空委員會駐印辦事處編制表

單位	職別	階（等）級	員（名）額	職掌
處長辦公室	處長	少將（上校）	一	綜理全處一切業務
	副處長	上（中）校 一（二）等機械正	一	協助處長綜理全處一切業務
	專員	中（少）校 二（三）等機械正	四	汀江、卡拉齊、新德里、孟買各派專員一處理分處業務
	參謀	少（中）校	一	承處長命綜理全處幕僚業務，舉凡規劃作戰、情報、訓練、代表本處對外聯絡交涉暨視察等主要工作
	祕書	少（中）校	一	承處長命綜理本處一切有關中西文書業務
	書記	同中尉（上尉）	二	協助祕書辦理中西文書業務並撰擬重要文件函電等稿
	翻譯員	同上（中）尉	三	翻譯全處中西往來文件函電等稿兼負口譯工作暨照料人機過境等事項
	打字員	同少尉	一	專辦英文打字工作
	譯電員	同中（少）尉	二	辦理本處一切譯電事務及密碼本之保管
	司書	同准尉	二	辦理文電收發典印並保管卷宗等事項
	文書士	上（中）士	二	辦理本組公文之抄寫事項
	公役	一（二）等	四	清潔、傳達等事項
技術組	組長	三（二）等機械正	一	承處長命綜理關於飛機監裝驗收接收、器材改裝、購料器材保管及運輸物資等事項
	聯絡員	三等機械正	二	協助組長辦理有關技術上對外聯絡交涉事項
	技術員	一等機械佐 （三等機械正）	七	協助組長分辦本組業務，視裝配接收飛機地點及物資運卸地點之需要派往該地負外勤工作
	運輸員	上（中）尉	一	協助組長辦理一切物資運輸之出口內運等事務（包括空陸運輸）
	器材保管員	二（三）等機械佐	一	保管在印一切器材並辦理提運交運等事項
	登記員	同少尉	一	辦理存印一切物資之登記事項
	打字員	同少尉	二	打表一切有關器材文件紀錄函電等按期報會
	司書	同准尉	一	辦理本組文牘公文收發並卷宗登記保管等事項

單位	職別	階（等）級	員（名）額	職掌
技術組	文書士	上（中）士	二	辦理本組公文之抄寫事項
	公役	一（二）等	二	打掃、傳達等事項
總務組	組長	少（中）校	一	承處長命綜理關於人機過境一切之照料及給養、車輛、油料、採買、庶務暨對外聯絡交涉等事項
	聯絡員	少校（上尉）	四	協助組長辦理人機過境一切對外聯絡交涉、行李檢查、報關手續暨購飛機、火車、輪船票等事項
	組員	上（中）尉	三	照料過境人員給養、住宿英美營房及碼頭、機場、車站之接送及途中之伴送等事項，必要時派專人負責辦理
	事務員	同少（中）尉	三	車輛、油料之管理，本處財產物品、傢俱、被服、私人存物等之登記及保管暨採購、宿舍、清潔、公役之管理等事項
	司書	同准尉	一	辦理本組文牘、公文收發、卷宗登記及保管等事項
	文書士	上（中）士	三	抄寫本組公文事項
	機械士	上（中）士	一	辦理本處車輛檢修事項
	炊事軍士	上（中）士	四	辦理本處官兵伙食
	公役	一（二）等	二	打掃、傳達等事項
經理組	組長	三（二）等軍需正	一	承處長命綜理本處一切有關經理業務
	組員	一（二）等軍需佐	四	協助組長分辦關於預算、計算、出納、金錢保管與審核暨大宗物品之採購等事項
	司書	同准尉	一	辦理本組文牘、公文收發、卷宗登記及保管等事項
	軍需士	上（中）士	二	協助組員分辦各項軍需事項
	文書士	上（中）士	二	辦理本組公文之抄寫
	公役	一（二）等	二	傳達、打掃等事項
合計	官佐		五一	
	士兵		二六	
總計	官兵		七七	

一、本表所列官佐為空軍階級，士兵為陸軍階級。
二、本處車輛輛數及駕駛士兵名額等級，依本處業務另
　　定之。

附表（六）航空委員會駐印辦事處分處編制表

單位	職別	階（等）級	員（名）額	職掌
專員辦公室	專員	中（少）校 二（三）等機械士	一	承處長命綜理分處一切業務
	書記	同中（少）尉	一	承專員命辦理分處一切對外對內文書事務
	翻譯員	同上（中）尉	一	辦理翻譯中西文件並負口譯工作
	譯電員	同中（少）尉	一	辦理譯電事務及密電本之保管
	司書	同准尉	二	協助書記辦理分處文牘、公文收發典印暨卷宗保管等事項
	文書士	上（中）士	三	抄寫分處一切公文
	公役	一（二）等	三	打掃、傳達等事項
技術股	股長	（三等機械正）一等機械佐	一	承專員命綜理飛機監裝、驗收、接收、改裝及器材運輸等事項
	聯絡員	（三等機械正）一等機械佐	一	協助股長辦理有關技術對外聯絡交涉等事項
	技術員	一（二）等機械佐	三	協助股長辦理有關技術上之內外勤等事項
	登記員	同少尉	一	辦理器材及物資運輸之登記兼負英文打字工作
	股員	二（三）等機械佐	二	協助股長辦理有關運輸上之內外勤等事項
	公役	一（二）等	二	打掃、傳達等事項
總務股	股長	上尉（少校）	一	承專員之命綜理本軍人機過境一切照料及給養、車輛、油料、採買、雜務等事項
	聯絡員	上尉（少校）	一	協助股長辦理人機過境一切對外聯絡交涉事項、行李檢查、報關手續暨購票等事項
	股員	中（上）尉	四	協助股長分辦照料人機過境給養、住宿各地營房暨碼頭、車站、機場之接送與沿途之伴送等事項
	事務員	同少（中）尉	三	協助股長辦理分處一切業務，如宿舍清潔、車輛油料之管理登記、公私財產物品之保管暨辦理伙食與採買等事項
	軍需	二（三）等軍需佐	一	辦理分處一切有關經理業務
	軍需士	上（中）士	一	協助軍需工作
	機械士	上（中）士	一	辦理分處車輛之檢修事項
	炊事軍士	上（中）士	二	辦理分處伙食
	公役	一（二）等	二	清潔、傳達等事項

單位	職別	階（等）級	員（名）額	職掌
總務股	庫長	一等（二）機械佐	一	承專員命辦理分處一切器材之存儲及提運、交運等事項
	庫員	二等（三）機械佐	二	協助庫長辦理器材存儲及提運、交運暨登記表報等事項
	庫丁	上（中）士	二	協助庫員工作
合計		官佐	二七	
		士兵	一六	
總計		官兵	四三	

附記
一、本表所列官佐為空軍階級，士兵為陸軍階級。
二、查定江、卡拉齊兩分處業務最為繁重，本表及即為
　　適應該兩分處而設者，至德、孟兩分處之編制可視
　　附表（四）A便詳。
三、分處車輛輛數及駕駛士兵名額等級，視業務需要另
　　定之。

附表（七）航空委員會駐印辦事處照編制現有人員與請調人員比照表

編制人員			現有人員			請調人員			備考
階級	職別	員額	階級	職別	姓名	階級	職別	員額	
上校	處長	一	少將二級	處長	林偉成				
二（一）等機械正	副處長	一	上校三級	副處長	容章炳				
中（少）校 二（三）等機械正	專員	四	三等機械正一級	專員	林祖心				定江
			三正二級	專員	鄭汝鏞				卡拉齊
			少校二級	專員	謝全和				孟買
						中（少）校	專員	一	
少校	參謀	一				少校	參謀	一	
少校（上尉）三等機械正（一等機械佐）	聯絡員	四 二	上尉一級	聯絡員	姚岳崙				
			同少校三級	聯絡員	林史光				
			三機正三級	聯絡員	袁軼羣				
			同一機佐二級	聯絡員	張似淵				
						少校（上尉）	聯絡員	一	
						三機正（一等佐）	聯絡員	一	
一（二）等機械佐（三等機械正）	技術員	一四	一機佐二級	技術員	伍秉權				
			月支薪300元	技術員	熊安仁				
			同上尉一級	技術員	葉明發				
			三等二級機械佐	技術員	丘振華				
			三機佐三級	技術員	陳仁賢				
			三機佐二級	技術員	梁鋆煜				
			二機佐二級	技術員	周濟平				
			二機佐一級	技術員	石維林				
			一機佐一級	技術員	華祖漢				
			一機佐一級	技術員	劉五昌				
			三機正三級	技術員	馬健民				
			一機佐一級	技術員	陳克和				
			同一佐三級	技術員	安維輯				
			一機佐二級	技術員	龐進之				

編制人員			現有人員			請調人員			備考
階級	職別	員額	階級	職別	姓名	階級	職別	員額	
上（中）尉 同（上中）尉	運輸員	一				上（中）尉	運輸員	一	
一（二）等軍需佐	軍需	四	同中尉一級	軍需	李鼎章				
			同中尉三級	軍需	鄧錦堃				
			同少尉三級	軍需	曾夫若				
			同少尉二級	軍需	陳　武				
同上（中）尉	翻譯員	二	同中尉三級	翻譯員	陳永幹				
			同少尉二級	翻譯員	胡念祖				
同（中）少尉	事務員	五	月支 200 盾	雇用事務員	周胤漢				
			月支 170 盾	雇用事務員	沈韋侖				
			同中尉三級	事務員	陳　晶				
			待敘	事務員	陳瓊安				該員已請長假，儻補陸大華一員
						同（中）少尉	事務員	一	
同中（少）尉	書記	一	同中尉一級	書記	謝堯炳				
同中（少）尉	譯電員	三	同中尉一級	譯電員	王先翔				
			同中尉三級	譯電員	孫家光				
			同准尉二級	譯電員	湯元龍				
同少尉	打字員	二	月支 200 盾	雇用打字員	薩達士				
			待敘	雇用打字員	高雅梅				
同准尉	司書	七	月支 180 盾	雇用司書	李伉桃				
			月支 150 盾	雇用司書	魏如鳴				
			月支 180 盾	雇用司書	朱初慧				
			月支 150 盾	雇用司書	魯令婉				
			同准尉一級	司書	章壯榮				
						同准尉	司書	一	現正另文呈請調補中
						同准尉	司書	一	

現有額外人員			請調額外人員			備考
階級	職別	姓名	階級	職別	員額	
同中尉一級	譯電員附員	慎保民	上尉（少校）	聯絡員	一	
同上尉三級	文書附員	徐中原	上尉（少校）	聯絡員	一	
上尉	軍官附員	吳元沛				該員係報服兵役，已請復職在案
同中尉一級	軍需附員	程永紹	少校（上尉）	祕書	一	
三機正三級	機械附員	袁軼羣	同上（中）尉	翻譯員	一	
一等機械佐一級	機械附員	李灼明	同上（中）尉	翻譯員	一	
一機佐二級	機械附員	王俊成	同准尉	司書	一	
待敘	技術員	趙飛鵬	同准尉	司書	一	
月支二百元	軍需	張實之	同准尉	司書	一	
月支 140 盾	打字員	畢強尼				
月支 140 盾	打字員	梁毅光				
月支 140 盾	打字員	高韻秀				
月支 200 盾	臨時雇員	吳韶華				
月支 200 盾	臨時雇員	王克讓				

第六章　文書業務

第一節　文書處理

第二節　檔案管理

第一節　文書處理

（一）現在辦理情形

查過去本處文書處理，除譯電外，其他一切公文手續頗欠完備，收發文件既不注重登記，辦理結果尤欠稽核，故一案之公文，內中時有缺少，或各種案件經第一次辦理後尚無結果者，承辦人既忽於檢查繼續辦理，而主官一時記憶不及，或疏於督促，往往流於陳案，迨鈞會或其他機關催促

時再為查案辦理，已逾時數月，因時間關係已失
時效者有之，難達預期成效者亦有之，似此情
形，誠屬延誤事機。職到加後，覩此情形，勢非
積極改良不可。經規定各種收發文件均須遵照鈞
會文書處理規則分別登記，分交何人辦理亦應由
承辦者簽收，藉明責任，俾有查考，並釐訂公文
稽核辦法，規定辦竣時間，每週將辦理情形或逾
限未辦竣原因列表具報，此項辦法現正通飭本處
人員及各分處實施，故自改進以來雖未達理想之
域，然已稍具成效。

（二）困難之點

A. 本處公文中英文均有，故每一文書人員須諳中
英文方可勝任。惟本處司書多為就地僱用，
英文自屬不錯，而對本會公文處理手續則有
欠明暸，工作效率不無遜色。職鑒於本處過
去人員指揮不靈，事無專責，經將本處內部
分為四組（技術、總務、經理、文書），每
組選派幹員負責召集組務，藉以層層節制，事
有專責。惟邇來經印人員、飛機及轉運物資繁
多，業務劇增，文書工作自必隨之激增，現有
文書人員不敷分配，以致各組負責人除主持組
務外尚須兼辦文書工作，誠有顧此失彼之虞。

B. 過去人事登記因辦理乏人，致鮮詳確查功過
勤勞，不特有關人士升降調遣，亦為考績之標
準，現本處及各分處共有官佐五十餘員，實不
可無詳確之人事登記。職雖欲積極改良，奈人

員不敷，徒事焦急而已。

（三）改進之點

　　A. 加緊訓練僱用司書，使其澈底明悉公文手續，以免錯誤，藉增工作效率。

　　B. 厲行公文稽核辦法，藉免積壓，並加強人事登記。惟本處編制額定司書七員，現有司書及僱用司書共五員（尚缺二員，現正另文請鈞會調補中），除派分處二員外，在本處服務者僅三員，以目前工作而論（本年截至五月卅一日止已收文貳仟○○一件，發文一仟七百四十一件，文書工作繁忙由此可見），除將編制內所缺二員補滿外，至少尚須文書人員兩員方可敷用，擬請迅再調派文書附員二員來處服務（須略諳英文者，正擬另文呈請調派），俾得每組指派文書人員一員專責辦理各該組公文收發、保管、繕寫事宜。

第二節　檔案管理

（一）現在辦理情形

　　過去檔案管理，數十案歸納一宗，查時既費週章，且頭緒紛紜，頗欠條理，現正改為一案一宗，俾保管方法漸臻完善，查卷容易。

（二）困難之點

　　本處檔案因文書人員不敷分配，現派僱用事務員一員兼管，舊卷頗多，目前當應清理（改為一案一宗），而新卷又須歸檔及查卷，除以大部時

間辦理新卷外，而清理舊卷則為遲緩，故亦有
顧此失彼之感。

（三）改進之點

嗣後本處文卷擬遵鈞會檔案管理辦法，參酌本
處實際情形，改為一案一宗，並列冊登記，目前
派事務員兼管乃一時權宜之計，俟請鈞會指派之
文書附員來處後，當派員專責管理，俾早日清
理完畢而專責成。

附錄

航空委員會駐印辦事處重要人事異動

民國 34 年 11 月

區分	職別	姓名	任期
本處	處長	1. 首任羅惠僑 2. 現任林偉成少將	1. 卅一年七月至卅四年二月 2. 卅四年二月迄至現在
	副處長	容章炳上校	卅三年二月到任直迄至現在
分處	定江分處專員	1. 首任林祖心 2. 現任袁軼羣	1. 卅一年七月至卅四年九月 2. 卅四年九月迄至現在
	卡拉齊分處專員	1. 首任鄭汝鏞 2. 現任梅捷瓚	1. 卅二年六月至卅四年六月 2. 卅四年六月迄至現在
	德里分處專員	1. 首任鄭汝鏞 2. 二任楊官字（代） 3. 三任劉宗武 4. 現任謝全和	1. 卅一年七月至卅二年六月 2. 卅二年六月至八月 3. 卅二年八月至十一月 4. 卅三年六月迄至現在
	孟買分處專員	1. 首任謝全和（兼） 2. 現任胡錫雅	1. 卅四年二月至九月 2. 卅四年九月至現在

民國史料 79

駝峰生命線——
抗戰時期印緬物資內運紀錄
（1942-1945）下冊

The Hump: Historical Documents of
Inward Transport from India and Burma,
1942-1945 - Section II

編　　者　民國歷史文化學社編輯部
總 編 輯　陳新林、呂芳上
執行編輯　林弘毅
封面設計　溫心忻
排　　版　溫心忻
助理編輯　李承恩

出　　版　　開源書局出版有限公司

香港金鐘夏慤道 18 號海富中心
1 座 26 樓 06 室
TEL：+852-35860995

民國歷史文化學社 有限公司

10646 台北市大安區羅斯福路三段
37 號 7 樓之 1
TEL：+886-2-2369-6912
FAX：+886-2-2369-6990

http://www.rchcs.com.tw

初版一刷　2022 年 12 月 30 日
定　　價　新台幣 400 元
　　　　　港　幣 110 元
　　　　　美　元　15 元
I S B N　978-626-7157-72-5
印　　刷　長達印刷有限公司
台北市西園路二段 50 巷 4 弄 21 號
TEL：+886-2-2304-0488

國家圖書館出版品預行編目 (CIP) 資料
駝峰生命線：抗戰時期印緬物資內運紀錄 (1942-
1945) = The hump : historical documents of
inward transport from India and Burma 1942-
1945/ 民國歷史文化學社編輯部編 . -- 初版 . --
臺北市：民國歷史文化學社有限公司 ,2022.12

　　冊；　公分 . -- (民國史料；78-79)

ISBN 978-626-7157-71-8 (上冊：平裝). --
ISBN 978-626-7157-72-5 (下冊：平裝)

1.CST: 中日戰爭　2.CST: 軍事運輸　3.CST: 史料

628.58　　　　　　　　　　　111020255